公文写作

模板大全 下册

格式模板 + 内容模板 + 写作规范

老孙◎主编　帮你写公文编写组◎编

Official Documents

人民邮电出版社

北京

图书在版编目（CIP）数据

公文写作模板大全. 下册，格式模板+内容模板+写作
规范 / 老孙主编；帮你写公文编写组编. -- 北京：人
民邮电出版社，2020.1（2023.8重印）
ISBN 978-7-115-52428-7

Ⅰ. ①公… Ⅱ. ①老… ②帮… Ⅲ. ①公文—写作
Ⅳ. ①C931.46

中国版本图书馆CIP数据核字(2019)第239625号

内 容 提 要

本套书以《党政机关公文处理工作条例》（中办发〔2012〕14 号）和国家标准《党政机关公文格式》（GB/T 9704
—2012）为依据，精选出 15 种法定公文和常用应用文模板共计 220 余个呈现给读者。每个模板的后面都带有注释和
写作规范，注释让读者清楚缺少的内容该怎么添加，写作规范汇总了写作中应注意的热点、难点问题并给予解答，增
强了实用性。

本套书适合于各级党政机关干部阅读、使用，既可作为各级党政机关工作人员的培训用书，又可作为高等院校文
秘等专业的教材使用。

◆ 主　　编　老　孙
　　编　　　帮你写公文编写组
　　责任编辑　武恩玉
　　责任印制　周昇亮
◆ 人民邮电出版社出版发行　　北京市丰台区成寿寺路 11 号
　　邮编　100164　　电子邮件　315@ptpress.com.cn
　　网址　https://www.ptpress.com.cn
　　涿州市般润文化传播有限公司印刷
◆ 开本：880×1230　1/16
　　印张：18.75　　　　　　　2020 年 1 月第 1 版
　　字数：373 千字　　　　　2023 年 8 月河北第 9 次印刷

定价：99.80 元
读者服务热线：(010)81055256　印装质量热线：(010)81055316
反盗版热线：(010)81055315
广告经营许可证：京东市监广登字 20170147 号

前 言

公文的作用是传达政令政策、处理公务，其最显著的特征是合法性和规范性。有一种观点认为，公文大部分都是官话、套话，太八股，必须要创新，因此就搞起形式主义，在文字上、语言上做文章，甚至把公文写成了古文、诗歌，哗众取宠，吸引眼球，实际上读者看后根本不知所云。我们在公文写作实践中深深体会到，公文既需要创新，更需要规范，创新是指结合实际工作内容上的创新，规范是指格式上、文字上的规范。只有将这两者结合起来，公文才能真正发挥好上传下达的作用。

为了让公文的规范性得到充分体现，让格式、框架大概有一个模型，使公文写作变得相对简单，我们很早就致力于公文写作模板的整理开发。早在2014年，帮你写公文编写组就依据中共中央办公厅、国务院办公厅联合发布的《党政机关公文处理工作条例》（中办发〔2012〕14号），率先推出了《公文写作模板》的Word版本，并结集成册供大家学习参考，在广大文字工作者中引起了热烈反响。

今年，我们在人民邮电出版社的大力支持下，对《公文写作模板》进行了重新梳理，修改后保留了大部分常用模板，删掉了部分生僻模板，并创造性地加入了格式模板，完善了写作规范，整理了公文写作必备的各类标准，以上、下两册双色印刷的书籍形式全新呈现，上册涵盖15种法定公文模板，下册是常用应用文模板和各类公文写作标准，让大家在公文写作和红头文件制作过程中更加方便、更加得心应手。

本书由帮你写公文编写组编写，主编为"帮你写公文"微信公众号创始人老孙。由于时间较为仓促，本书难免有不当之处，敬请各位文字工作者批评指正。

目 录

目 录

目 录

事务类公文

×××××××①

××××②年×××××××③工作要点

　　××××②年，是×××××××④的重要一年，是×××××××④的关键之年，是×××××××④的开局之年，是×××××××④的收官之年。×××××××①要×××××××⑤，为×××××××⑥建设提供×××××××⑦。

　　一、×××××××⑧。

　　×××××××⑨。

　　二、×××××××⑧

　　×××××××⑨。

　　三、×××××××⑧

　　×××××××⑨。

　　四、×××××××⑧

　　×××××××⑨。

　　五、×××××××⑧

　　×××××××⑨。

　　···········

【注释】

①××××××地区、系统、行业、单位、部门等。

②年份。

③××××××工作，可综合，也可分项，如可以是党委、政府，也可以是教育、文化、宣传思想、民政等。

④这几项是常用词，一般从全会报告和政府工作报告中来，可以根据上级和本地实际情况自由取舍。

⑤工作的总体思路，写七八行文字即可，如贯彻××××××精神、坚持××××××、紧紧抓住××××××契机、着力在××方面下功夫等。

⑥本地区、本单位，如我省、市、区、县等。

⑦提供××××××支持，如经济支持、智力支撑等。

⑧分类把各项工作一一列出，要求简练，只写做什么、不写怎么做，不加评论和说明等语言。

⑨层次清晰地列出每一项工作的具体内容。

【写作规范】

1. 什么是要点？

答：要点是针对未来一个时期工作的简明扼要安排，多用于领导机关对下属单位布置工作和交代任务。

2. 要点有哪几种？

答：要点一般是工作要点。

3. 要点的框架是怎样的？

答：要点由标题、正文两部分组成。

4. 要点的正文怎么写？

答：要点的正文要先写前言，然后主要内容分条目写，一条写一个方面工作，每一个方面工作还可以再细分为具体工作，层次要分明，重点要突出。

《×××××××①工作要点》任务分解

为贯彻落实《×××××××①工作要点》，特制订此任务分解方案。

一、责任分工

（一）×××××××②。

1. ×××××××③。

牵头部门：×××××××④。

参与部门：×××××××④。

2. ×××××××③。

牵头部门：×××××××④。

参与部门：×××××××④。

……………

（二）×××××××②。

×××⑤.×××××××③。

牵头部门：×××××××④。

参与部门：×××××××④。

×××⑤.×××××××③。

牵头部门：×××××××④。

参与部门：×××××××④。

············

二、有关要求

（一）××××××⑥。

（二）××××××⑥。

（三）××××××⑥。

············

【注释】

① ××××××单位××××年××××××工作。

② 某一方面工作，可从要点中复制过来。

③ 某一项具体工作，可从要点中提炼出来，采用章断条连式。

④ ××××××单位部门。

⑤ 条数。

⑥ 对做好任务分工提出具体要求，如：高度重视，精心组织；制订计划，落实任务；密切配合，相互支持；督促检查，跟踪落实；分解任务，上报情况；等等。

【写作规范】

1. 要点有哪些特点？

答：要点一般有指导性、预见性、可行性、约束性的特点。

2. 要点的第一段一般写什么？

答：第一段是要点的前言部分，一般用一两句话写形势，然后用几句话概括写出整体的工作思路。

3. 为什么说要点有承上启下的作用？

答：要点既是对上级部署工作的落实，也是对下级工作的安排，所以具有承上启下的作用。

××××××①工作总结

　　××××②年，×××××××①工作按照年初的总体要求和部署，紧紧围绕×××××××③的目标，以×××××××④为主线，切实落实×××××××⑤，×××××××⑥，为加快×××××××⑦建设提供了有力的×××××××⑧。

　　一、×××××××⑨

　　··········

　　二、×××××××⑨

　　··········

　　三、×××××××⑨

　　··········

　　去年的工作虽然取得了一些成绩，但同上级要求和先进单位相比，还有一定差距，主要存在以下问题：一是×××××××⑩；二是×××××××⑩；三是×××××××⑩；······

　　××××②年是×××××××⑪。×××××××①工作将按照×××××××⑫的总体安排部署，围绕×××××××⑬，着力强化×××××××⑭，具体抓好以下×××⑮件大事：

　　一是×××××××⑯。

　　二是×××××××⑯。

　　三是×××××××⑯。

　　··········

【注释】

①综合工作或者专题工作都可。

②年份。

③上一年工作的××××××目标。

④上一年的工作主线。

⑤××××××要求。

⑥列举取得了哪几项重要成果。

⑦××××××地区，如省、市、区、县等。

⑧哪方面的支持，如物质支持、智力支撑等。

⑨分段写出取得的成绩，也可以再细分小标题。

⑩找出存在的问题，每一个问题都用一句话概括写出来，不展开。

⑪××××××工作的重要一年、关键之年、开局之年、收官之年等。

⑫上级党委、政府或者××××××会议。

⑬下一年的××××××工作主题。

⑭××××××意识，如政治意识、大局意识、核心意识、看齐意识等。

⑮具体数字。

⑯纲目式写出下一年重点工作即可。

【写作规范】

1. 什么是总结？

答：总结是对过去一定时期的工作、学习或思想情况进行回顾、分析，并做出客观评价的书面材料。

2. 总结有哪几种？

答：总结的分类较广。从内容上看，可以分为工作总结、生产总结、学习总结、教学总结、会议总结等；从范围上看，可以分为全国性总结、地区性总结、部门性总结、本单位总结、班组总结等；从时间上看，可以分为月度总结、季度总结、年度总结、阶段性总结等。

×××××××①经验总结

近年来，×××××××①工作按照×××××××②要求，紧紧围绕×××××××③目标，切实落实×××××××④，取得了一些成绩。

一、×××××××⑤

（一）×××××××⑤。

（二）×××××××⑤。

（三）×××××××⑤。

············

二、×××××××⑥

（一）×××××××⑥。

（二）×××××××⑥。

（三）×××××××⑥。

············

三、×××××××⑦

（一）×××××××⑦。

（二）×××××××⑦。

（三）×××××××⑦。

············

【注释】

①综合工作或者专题工作都可。

②××××××党委、政府或者××××××单位、部门。

③工作目标。

④工作要求。

⑤工作的基本概况，以叙述为主，用数字和事例说话。

⑥采取的主要措施，也就是经验总结，要具有先进性、典型性、代表性，可以供人学习，供人借鉴，催人奋进，议论和说明要占主要部分。

⑦下一步工作的设想，先抛出几个存在的问题，这里有点儿谦虚的意思，主要是通过存在的问题带出下一步工作设想。

【写作规范】

1. 总结的框架是怎样的？

答：总结由标题、正文两部分组成。

2. 总结的正文怎么写？

答：总结的正文分为开头、主体、结尾三部分。开头概述基本情况；主体介绍成绩和做法、经验和教训、今后打算等；结尾提出今后的方向、任务和措施。

3. 总结的内容部分一般采用什么结构？

答：总结的内容部分一般有三种结构：一是纵式结构，按照事物或实践活动的过程安排内容；二是横式结构，按事物性质和规律的不同分门别类地依次安排内容；三是纵横式结构，安排内容时既要考虑到时间的先后顺序，又要注意内容的逻辑联系。

××××①年个人工作总结

××××①年，在×××××××②的指导下，在×××××××③的帮助下，通过自己的努力，在思想上、业务工作水平上都有了很大的提高，圆满地完成了全年的工作、学习任务，并取得了一定的成绩。现将一年来个人工作总结如下：

一、思想政治理论学习情况

×××××××④。

二、本职岗位工作完成情况

×××××××⑤。

三、自身廉政建设情况

×××××××⑥。

四、存在的主要问题和不足

×××××××⑦。

【注释】

①年份。

②单位的各位领导等。

③单位的各位同事等。

④首先要重视学习，然后写学习了什么内容，包括政治理论、专业知识等。

⑤总结自己一年来的工作情况，分条目写、朴朴实实地写即可。

⑥遵守《中国共产党廉洁自律准则》和《中国共产党纪律处分条例》情况，遵守中央"八项规定"和各省、自治区、直辖市具体规定情况，等等。

⑦学习上、工作中存在的主要问题和不足，如政治理论学习的系统性和深度不够、深入到工作对象当中还不够、创新还不够等。

【写作规范】

1. 总结有哪些特点？

答：总结一般具有回顾性、经验性、全面性的特点。

2. 总结中的一般性工作可以简写吗？

答：总结中的一般性工作当然可以简写。在总结过程中，要根据实际情况和总结的目的，重点选用那些既能显示本单位、本部门、本地区特色，又有一定普遍性的材料，这些材料要详细、具体地写；而一般性的材料则要简写或舍弃。

×××××××①党校学习自我总结

作为×××××××②选派的×××××××③级干部之一，我参加了×××××××①党校为期×××④个月的××××⑤年第×××④期×××××××⑥班，可以说深感荣幸、受益匪浅。学习期间，本人×××××××⑦。主要体现在以下几个方面：

一是×××××××⑧。

二是×××××××⑧。

三是×××××××⑧。

四是×××××××⑧。

五是×××××××⑧。

············

在学习期间，×××××××①党校领导对×××××××⑥班高度重视，班主任老师做了大量认真细致的工作，为我们安心学习创造了良好的条件和环境。在此，感谢×××××××①党校的精心组织，感谢各位老师的辛勤工作！

【注释】

①×××××× 地区党委党校名称。

②×××××× 组织人事部门。

③局级、处级、科级等。

④具体数字。

⑤年份。

⑥培训班名称，如进修班、培训班、任职班、后备干部班等。

⑦概括自己的表现，如学习热情、精神面貌、严守纪律等情况。

⑧具体的收获，如坚定了信念，深入学习了党的政治理论，开阔了视野，学到了知识，增强了能力，等等。

【写作规范】

1. 总结一定要低调吗？

答：写总结最重要的是要实事求是，既不能因为谦虚而把成绩一笔带过，也不能为了得到肯定而弄虚作假、夸大其词。

2. 对上的总结和对下的总结有什么区别？

答：对上的总结要多讲重点工作，讲成绩，讲经验；对下的总结不能缺项，特别是面对面总结工作时，要照顾到每一个下属部门的情绪，可简短，但不能没有。

××××①年度 ×××××××②工作会议主持词

（××××③年××③月××③日）

××××××④

同志们：

经××××××⑤同意，今天，我们在这里召开×××××××②工作会议，会议的主要任务是：学习贯彻×××××××⑥会议精神，总结回顾××××①年工作，安排部署××××①年工作。

今天的会议主要有×××⑦项议程：一是请××××××⑧做工作报告；二是××××××⑨；三是请××××××⑧做重要讲话。

为了压缩会议时间，《×××××××⑥会议精神传达提纲》已发给大家，供各级传达学习和贯彻落实。

首先，请××××××⑧做工作报告。

…………

下面，进行第二项议程，××××××⑨。

…………

下面，请×××⑧同志做重要讲话。

…………

同志们，今天的会议，总结回顾了××××①年工作情况，安排部署了××××①年工作任务，×××××××⑧同志做了重要讲话。×××××××⑧同志的讲话充分肯定了去年××××××②工作取得的成绩，全面分析了当前××××××②工作面临的新形势、新要求、新挑战，从×××××××⑩着手，对做好今年工作提出了明确要求，大家要认真学习领会并做好传达贯彻。

下面，我就贯彻落实好这次会议精神，做好当前重点工作，再提出×××⑦点要求：

一是切实抓好会议精神的贯彻落实。会议结束后，大家要尽快把会议精神向所在党委（党组）汇报，组织好本地区、本部门、本单位的传达学习。要结合工作实际，进一步学习领会会议精神，按照今年××××××②的工作要求，理清思路、细化任务、强化责任，确保本次会议的安排部署件件有着落、项项有效果。

二是××××××⑪。

三是××××××⑪。

…………

会议到此结束。散会。

【注释】

①年份。

②某项工作，也就是会议主题。

③会议召开日期。

④主持人职务及姓名。

⑤×××××× 党委或者政府。

⑥上级 ×××××× 会议。

⑦具体数字。

⑧××× 同志，含职务、姓名。

⑨对 ×××××× 进行表彰，也可以没有此项议程。

⑩具体从哪几个方面着手。

⑪对贯彻落实会议精神、做好当前重点工作还有何要求，可以一一罗列出来，但不宜太长。

【写作规范】

1. 什么是主持词？

答：主持词是会议主持者主持会议时使用的带有指挥性、引导性的讲话。

2. 主持词有哪几种？

答：会议有多少种，主持词就有多少种。一般分为代表性会议主持词、工作性会议主持词、专题性会议主持词、联席性会议主持词、纪念性会议主持词、学术性会议主持词、总结表彰会主持词、其他会议主持词等。

×××××××^①工作部署会议主持词

（××××^②年××^②月××^②日）

×××××^③

同志们：

现在开始开会。今天会议的主要内容是传达贯彻×××××^④工作会议精神，安排部署我×××××^⑤工作。

参加今天会议的有：×××××^⑥、×××××^⑥，各×××××^⑦负责人，×××××^⑧有关部门主要负责人以及×××××^⑨负责人等。

会议有两项议程：一是请×××××^⑥同志传达×××××^④工作会议精神；二是请×××××^⑥同志做重要讲话。

下面，进行会议的第一项议程：请×××××^⑥同志传达×××××^④工作会议精神。

…………

接下来，进行会议的第二项议程：请×××××^⑥同志做重要讲话，大家欢迎。

…………

刚才，×××××^⑥同志传达了×××××^④工作会议

精神，××××××⑥同志就如何做好我××××××⑤工作做了重要讲话，提出了明确要求，希望各级各有关部门认真领会，抓好落实。下面，就进一步贯彻落实好这次会议精神，我再强调几点意见：

一是传达好会议精神。与会同志回去后要向本地区、本单位、本部门主要领导做好汇报，尽快召开专题会议进行研究部署，并结合本地区、本部门实际，制订切实可行的工作方案。

二是要××××××⑩。

三是要××××××⑩。

…………

会议到此结束。谢谢大家！

【注释】

①某项具体工作。

②会议召开日期。

③主持人职务及姓名。

④上级××××××会议。

⑤省、市、区、县××××××工作。

⑥×××领导同志，含单位、职务、姓名。

⑦地区××××××负责人，分类就行，不必点名。

⑧各直属部门，省直、市直、区直等。

⑨××××××系统。

⑩结合本地区、本单位实际，就贯彻落实会议精神再提出几点具体要求。

【写作规范】

1. 主持词的框架是怎样的？

答：主持词由开头部分、中间部分、结尾部分三部分组成。开头部分介绍会议召开的背景、会议的主要任务和目的等；中间部分按顺序介绍会议的每项议程；结尾部分总结会议，并对贯彻落实提出要求。

2. 主持词的议程常用什么句式？

答：主持词的议程一般用"首先，请×××发言""下面，请×××讲话，大家欢迎""请×××发言，请×××做准备""最后一项议程是××××××"等。

×××××××^①动员大会主持词

（××××^②年××^②月××^②日）

×××××××^③

同志们：

今天这次会议，是经×××××××^④研究决定召开的一次十分重要的会议。主要任务是按照×××××××^⑤要求，对×××××××^①进行全面动员和部署。

参加今天会议的有：×××××××^⑥、×××××××^⑥、×××××××^⑥、×××××××^⑥、×××××××^⑥，共×××^⑦人。

今天的会议主要有两项议程：一是请×××××××^⑧对×××××××^①做动员部署；二是请×××××××^⑧做重要讲话。

下面，进行第一项议程，请×××××××^⑧对×××××××^①做动员部署，大家欢迎。

…………

下面，进行第二项议程，请×××××××^⑧做重要讲话，大家欢迎。

…………

同志们，以今天这次会议为标志，×××××××^①正式启动。

刚才，×××××××⑨。×××××××⑧同志的讲话十分重要，是指导我们开展好×××××××①的重要方针。各级党组织和广大干部一定要以高度的政治责任感和时不我待的紧迫感，认真学习，深刻领会，准确把握，全面贯彻，切实把思想和行动统一到×××××××⑤的要求和×××××××④的安排部署上来。

一是×××××××⑩。

二是×××××××⑩。

三是×××××××⑩。

×××××××①动员大会到此结束。谢谢大家！

【注释】

①××××××工作、××××××活动等动员会名称。

②会议召开日期。

③主持人职务及姓名。

④××××××党委、政府。

⑤上级，如中央、省委、市委或者国务院、省政府、市政府等。

⑥参会领导及各单位参会人员。

⑦总人数。

⑧×××领导同志，含单位、职务、姓名。

⑨简短回忆会议议程。

⑩提出几点要求，如高度重视、迅速行动，把握方向、周密部署，抓住机遇、深入实践，等等。

【写作规范】

1. 主持词有哪些特点？

答：主持词一般具有指挥性、引导性、附属性、简要性、朴实性的特点。

2. 开会时主持词可以调整吗？

答：开会时主持词当然可以调整。会议过程中会有很多突发情况，如×××领导临时有事缺席或者领导讲话内容调整了等，遇到这些情况，主持词也必须跟着改变，否则就会闹出笑话。

×××××××①表彰大会主持词

（××××②年××②月××②日）

×××××××③

同志们：

今天，我们在这里隆重举行××××④—××××④年工作总结表彰大会，表彰和奖励一年来在各项工作中涌现出的先进集体和先进个人。

一年来，×××××××⑤广大干部职工×××××××⑥。今天，我们在这里隆重表彰先进，是希望广大干部职工以今天受表彰的先进集体和先进个人为榜样，学习先进，赶超先进，严格要求自己，为×××××××⑦工作再上新台阶而努力奋斗。希望受表彰的集体和个人一如既往，努力工作，珍惜荣誉，谦虚谨慎，再接再厉，百尺竿头，更进一步。在此我谨代表×××××××⑧向获得表彰的先进集体和先进个人表示热烈的祝贺！向所有辛勤工作、无私奉献的同志们致以崇高的敬意！

参加今天会议的有：×××××××⑨、×××××××⑨、×××××××⑨。会议共有三项议程：一是请×××××××⑩宣读表彰决定；二是为先进集体和先进个人颁奖；三是请

×××××××⑩做重要讲话。

下面，进行大会第一项议程：请×××××××⑩宣读表彰决定和表扬通报。

…………

进行大会第二项议程：为先进集体和先进个人颁奖。第一组：×××××××⑪；第二组：×××××××⑪。……

这些受到表彰的单位和同志是×××××××⑤广大干部职工的优秀代表，是我们学习的楷模，让我们再次以热烈的掌声向他们表示祝贺！

进行大会第三项议程：请×××××××⑩做重要讲话。

…………

刚才，我们隆重表彰了××××④—××××④年先进集体和先进个人，×××××××⑩做了重要讲话。×××××××⑩在讲话中，全面总结了×××××××⑦工作的亮点，充分肯定了大家取得的显著成绩，并对如何执行好、落实好××××④年各项工作任务提出了明确要求。我们一定要认真学习领会×××××××⑩讲话精神，进一步发扬好的经验和做法，研究新形势，谋划新思路，采取新举措，创先争优，求真务实，确保圆满完成各项工作任务。

总结表彰大会到此结束。散会。

【注释】

①表彰大会主题。

②会议召开日期。

③主持人职务及姓名。

④年份。

⑤××××××地区、单位、部门等。

⑥简述一年来取得的成绩。

⑦××××××工作。

⑧××××××党委、党组、领导班子等。

⑨参会领导同志及×××人员。

⑩×××领导同志，含单位、职务、姓名。

⑪获奖名单。

【写作规范】

1. 主持词的语言有什么要求？

答：主持词的语言一定要精练、简洁。要记住，主持词只是用于引导会议流程，切不可变成领导讲话，滔滔不绝，特别是在开短会的背景下，更要把握好主持词短小精悍的特点。

2. 主持词介绍参会人员时，一般按照什么顺序？

答：一般是先介绍领导，可——一介绍，也可概括介绍；再介绍群众，一般是概括介绍；如果涉及来宾，则先客后主。

×××××××①座谈会主持词

（××××②年××②月××②日）

×××××××③

同志们：

今天，我们在这里召开×××××××①座谈会，主要目的是总结交流经验，进一步推动×××××××④工作。

×××××××⑤高度重视这次座谈会，×××××××⑥、×××××××⑥、×××××××⑥，在百忙中专程来与大家见面，并与大家进行座谈交流。

下面座谈会正式开始。

首先，请×××××××⑦同志发言。

…………

下面，请×××××××⑦同志发言。

…………

下面，请×××××××⑦同志发言。

…………

下面，请×××××××⑥同志讲话。

…………

同志们，今天的座谈会很有意义，大家结合工作实际，谈了很好的经验和做法。××××××⑥从××××××⑧、××××××⑧、××××××⑧×××⑨个方面和大家做了深入而广泛的交流，提出了××××××⑩的要求。我们要认真学习贯彻××××××⑥讲话精神，把大家的这些意见建议进行认真梳理和研究，作为助推××××××⑪发展的重要参考，为建设××××××⑪做出新的更大贡献。

今天的座谈会到此结束。

【注释】

①座谈会主题。

②会议召开日期。

③主持人职务及姓名。

④××××××工作。

⑤××××××党委、政府或者××××××单位。

⑥×××领导同志，含单位、职务、姓名。

⑦发言同志，含单位、职务、姓名。

⑧具体的几个方面。

⑨具体数字。

⑩××××××具体要求。

⑪××××××地区、单位、部门等。

【写作规范】

1. 会议主持人怎么选定？

答：会议主持人是有固定人选的。如单位、部门、班子等内部会议或者有上一级领导参会，一般由主要领导即一把手主持；如果是一把手要做讲话的会议，则可以由常务级别的副职主持；上级机关到下级机关开会，一般由上级机关领导主持。

2. 为什么说主持词具有附属性？

答：主持词的附属性体现在其是为会议和领导讲话服务的。从形式上看，其结构是由会议议程所决定的，必须严格按照会议议程谋篇布局，不能随意发挥；从内容上看，其内容是由会议的内容所决定的，不能脱离会议的内容。

×××××^①年度 ×××××××^②民主生活会主持词

（××××^③年 ××^③月 ××^③日）

×××××××^④

同志们：

按照 ×××××××^⑤的有关要求，经 ×××××××^⑥同意，我们利用 ×××^⑦天的时间，召开 ×××××××^②领导班子年度民主生活会。

开好这次民主生活会，对于 ×××××××^⑧具有重要意义。×××××××^②领导班子对此高度重视，各位班子成员 ×××××××^⑨。希望大家 ×××××××^⑩。

首先，我代表 ×××××××^②领导班子进行对照检查。之后，请各位班子成员，结合我们班子查找出的问题，做表态发言，认领各自责任。

…………

下面，进行个人对照检查。在每位班子成员个人对照检查结束后，其他成员都要逐一对这位同志提出批评意见，之后这位同志再做简要表态。

首先，我做个人对照检查。

…………

下面，请各位同志对我提出批评意见。

…………

下面，请各位班子成员逐一进行对照检查。顺序为：××××××⑪、××××××⑪、××××××⑪、××××××⑪、……

…………

刚才，每位同志都做了对照检查，可以说是严肃认真、求真务实、富有成效，达到了统一思想、提高认识、增进团结的预期目的。通过这次民主生活会，××××××⑫。

下面，我再强调几点要求。

一要××××××⑬。

二要××××××⑬。

三要××××××⑬。

…………

这次民主生活会就到这里。散会。

【注释】

①年份。

②××××××领导班子。

③会议召开日期。

④主持人职务及姓名。

⑤上级党委。

⑥上一级党委。

⑦具体数字，如半天、一天、两天等。

⑧如严肃党内政治生活、推动作风建设常态化等。

⑨都做了哪些准备，如认真开展学习、广泛征求意见、深入谈心谈话、反复修改对照检查材料等，为这次会议的召开奠定了很好的基础。

⑩对开好会议提出希望，如能够本着××精神，畅所欲言，充分发表意见，使民主生活会真正开出好的氛围、好的效果等。

⑪领导班子成员姓名。

⑫简述民主生活会的效果。

⑬对加强领导班子建设提出几点要求，如严守党的纪律，严肃党内政治生活，狠抓党风廉政建设，狠抓作风建设，建立长效机制，等等。

【写作规范】

1. 民主生活会对主持人的语速有什么要求？

答：主持人可以按照正常的语速来，既不要太快，也不要太慢。总之，要讲得积极、有能量，不能吞吞吐吐、圆滑消极。

2. 民主生活会的开场白一般用多长时间？

答：不宜太长，要限制在一分钟左右。主持人的目的不是表现自己，而是引导会议，只要把会议背景、目的等说清楚就行了。

×××××××①见面会主持词

（××××②年××②月××②日）

×××××××③

同志们、朋友们：

×××××××①见面会现在开始。首先，向参加本次×××××××④活动的×××××××⑤朋友们，表示热烈的欢迎。

按照×××××××⑥统一部署，×××××××④活动将于××⑦月××⑦日至××⑦日在×××××××⑧举行。这次活动是×××××××⑨。

参加今天见面会的有，×××××××⑩、×××××××⑩、×××××××⑩、……

下面，请×××××××⑩同志介绍×××××××⑪情况。

…………

刚才，×××××××⑩同志对×××××××⑪情况做了介绍，相信大家已经对×××××××⑪情况有了一个初步的了解。接下来一系列的活动安排，更会让大家从不同的侧面感受×××××××⑫的发展变化。希望大家能够以独特的视角，帮助我们做好宣传展示、提出意见建议，也希望通过这次活动，能够进一步加深×××××××⑫同各位朋友的联系与情谊。

×××××××①见面会到此结束。散会。

【注释】

① 见面会主题。

② 会议召开日期。

③ 主持人职务及姓名。

④ ×××××× 活动名称。

⑤ 某一领域，如媒体记者、专家学者等。

⑥ 活动组织单位，如 ×××××× 党委、政府或者 ×××××× 部门。

⑦ 活动举行时间段。

⑧ 活动举行地点。

⑨ 简述活动背景。

⑩ ××× 领导同志，含单位、职务、姓名。

⑪ ×××××× 情况，如 ×××××× 地区经济社会发展情况，以及此次活动的简要情况，等等。

⑫ ×××××× 地区。

【写作规范】

1. 主持词开头怎么称呼？

答：一般是"各位领导、同志们""各位来宾、各位领导、同志们""各位来宾、各位朋友，女士们、先生们""各位领导、各位同事"等。

2. 主持词结束语有哪些？

答：一般有"会议到此结束。散会。""会议到此结束。谢谢大家。""今天的会议就到这里。散会。"等。

×××××××①开幕式主持词

（××××②年××②月××②日）

×××××××③

各位来宾、同志们：

大家×××④好！

在这×××××××⑤的日子里，我们在此隆重集会，携手拉开×××××××①的序幕！首先我代表×××××××⑥向出席本届×××××××①开幕式的各位来宾和同志们表示热烈的欢迎！

举办×××××××①是×××××××⑦的重要组成部分。×××××××⑧。

首先，请×××××××⑨致开幕词。

…………

下面，×××××××⑩。

…………

下面，让我们以热烈的掌声有请×××××××⑨宣布×××××××①开幕。

…………

同志们，×××××××①是我们共同的节日，希望同志们以饱满的精神投身××××××⑦建设中来，在××××××①上尽情地展示风采，共同谱奏和谐动人的韵律。

××××××①开幕式到此结束。

祝本届××××××①圆满成功！

【注释】

① ×××××× 文化节、艺术节、体育节等。

② 开幕式召开日期。

③ 主持人职务及姓名。

④ 上午、下午或者晚上。

⑤ 对开幕式当天所处的季节和天气状况等进行描述。

⑥ ×××××× 党委、政府，或者 ×××××× 部门、单位。

⑦ 文化、艺术、体育等工作。

⑧ 举办 ×××××× 节的重要意义。

⑨ ××× 领导同志，含单位、职务、姓名。

⑩ 开幕式的其他流程。

【写作规范】

1. 会议主持人要具备哪些素质？

答：会议主持人一般要具备良好的思维能力，正常的表达能力，较强的分析能力、应变能力和幽默感等。

2. 主持词真的需要创新吗？

答：正常的工作会议有固定的程序和流程，会议的重点是会议的内容而不是主持词，因此不需要创新；对于一些动员会、交流会、座谈会，特别是一些晚会、联欢会等，主持词可以创新。

××××××① 迎春招待会主持词

（××××② 年 ××② 月 ××② 日）

××××××③

同志们、朋友们：

今天，××××××④ 在这里举行 ××××××① 迎春招待会，邀请 ××××××⑤ 的新老朋友们，同庆新春，共叙友情，并借此机会向大家表示诚挚的慰问和衷心的感谢。

参加今天招待会的有 ××××××⑤ 有关负责同志。××××××⑥ 十分重视 ××××××⑤ 工作，特别是对大家多年来给予 ××××××⑦ 的关心和支持深怀谢意，今天专程来参加招待会。××××⑧ 年，××××××⑨。

下面，让我们以热烈的掌声欢迎 ××××××⑥ 为大家致辞。

…………

同志们，回首过去，我们一同走过了不平凡的 ××××⑧ 年；展望未来，我们对 ××××⑧ 年满怀信心和激情。希望大家在今后的工作中一如既往地关心 ××××××⑦，为 ××××××⑦ 建设提供更加强大、更加有力的支持。

谢谢大家！

【注释】

①迎春招待会名称。

②会议召开日期。

③主持人职务及姓名。

④××××××党委、政府或者××××××单位、部门。

⑤某一领域、系统。

⑥×××领导同志，含单位、职务、姓名。

⑦××××××地区，如省、市、区、县等。

⑧年份。

⑨简要回顾××××××领域、系统取得的成绩，做出的突出贡献。

【写作规范】

1. 会议主持词开场白有哪几种？

答：会议主持词开场白一般有六种，分别为开门见山式、气氛烘托式、背景嵌入式、目的意义式、政策依据式、摆出问题式，主持人可根据实际情况选用其中一种。

2. 主持词一般怎么署名？

答：主持词上一般都会写上主持这次会议的主持人姓名。标注在标题之下，居中排列，常用楷体三号字。有的主持词在主持人姓名之前还加上主持人的单位及职务或职称。如果在标题中已署有主持人的姓名，不用重复署名。

×××××××①欢送晚宴主持词

（××××②年××②月××②日）

×××××××③

同志们、朋友们：

今天，×××××××④在此举行×××××××①活动欢送晚宴，与×××××××⑤的新老朋友们同议发展，共叙友情，并借此机会向大家表示诚挚的慰问和衷心的感谢。

参加今天欢送晚宴的有×××××××⑥、×××××××⑥、×××××××⑥、×××××××⑥、×××××××⑥。

首先，请×××××××⑦同志做×××××××①活动小结。

…………

刚才，×××××××⑦同志对本次×××××××①活动进行了全面总结，对这次活动取得的效果给予了充分肯定，对×××××××⑤朋友们的敬业精神和职业素养给予了高度评价，对今后进一步加强与×××××××⑤的交流与合作表达了明确态度。

同志们、朋友们，×××××××⑦历来重视×××××××⑤工作，特别是对大家多年来给予我们的关心和支持深怀谢意，今天专程来参加欢送晚宴。下面，让我们以热烈的掌声欢迎×××××××⑦为大家致辞。

…………

同志们、朋友们，相信在这几天的时间里，通过各项活动，大家都从不同层面和角度了解到了××××××④在××××××⑧方面的发展和进步。从××××××⑦热情洋溢的致辞当中，相信大家更加能够感受到××××××④的深情厚谊，再次希望大家在今后的工作中一如既往地关心××××××④，为××××××④发展提供更加强大、更加有力的支持。

谢谢大家！

【注释】

①××××××活动名称。

②晚宴日期。

③主持人职务及姓名。

④××××××地区、××××××单位、××××××部门。

⑤××××××领域、系统。

⑥×××领导及各界人士。

⑦×××领导同志，含单位、职务、姓名。

⑧××××××方面，如经济、社会、文化、民生等。

【写作规范】

1. 主持词的时间怎么标注？

答：主持词上标注的时间应是主持词使用时的时间，标注在主持人署名之上，一般用小括号括起来，居中排列，常用楷体三号字。

2. 主持词中会议议程之间的连接用语有哪些？

答：在依次介绍会议的每项议程时，切忌千篇一律，要讲究灵活性和多变性，如，不要都用"下面……下面"，可以跳用"下面""接下来""下一个议程是"之类的话。

×××××××^①新闻发布会主持词

（××××^②年××^②月××^②日）

×××××××^③

尊敬的各位领导、各位来宾，新闻界的朋友们：

大家好。欢迎参加×××××××^①新闻发布会。

×××××××^④，×××××××^⑤。今天，×××××××^⑥在这里召开新闻发布会，借助各新闻媒体的作用和影响力，对外传递相关信息，吸引社会各界积极参与×××××××^⑦。

首先，请允许我介绍出席今天新闻发布会的领导、来宾及新闻媒体。

出席今天新闻发布会的新闻媒体有：×××××××^⑧、×××××××^⑧、×××××××^⑧、……

出席今天新闻发布会的领导和来宾有：×××××××^⑨、×××××××^⑨、×××××××^⑨、……

在此，对各位来宾和新闻媒体的光临表示衷心的感谢和热烈的欢迎。今天的新闻发布会主要有×××^⑩项议程：一是×××××××^⑪；二是×××××××^⑫；三是答记者问；……

首先，请×××××××^⑪。

……………

下面，请×××××××⑫。

……………

会议进行第三项议程，解答新闻界朋友们的提问，请各位举手示意。

……………

新闻发布会到此结束，最后感谢各位嘉宾和各位朋友的光临，祝大家今后工作顺利、身体健康！散会。

【注释】

① 新闻发布会名称。

② 会议召开日期。

③ 主持人职务及姓名。

④ 做好要发布工作的目的、意义。

⑤ 要发布工作的创新做法，写几句话即可。

⑥ ×××××× 党委、政府或者 ×××××× 部门。

⑦ 要发布的工作。

⑧ ×××××× 日报、×××××× 广播电视台、×××××× 网等。

⑨ 领导及来宾名单。

⑩ 具体数字。

⑪ 具体议程，如播放宣传片等。

⑫ 具体议程，如介绍情况、致辞等。

【写作规范】

1. 主持词最后的小结有什么要求？

答：在最后的小结部分，主持词应该将与会者发言或者领导讲话的主要观点、典型经验进行概括提升，而不应该简单重复。在要求做好贯彻落实时，主持词要将关键环节、重点要求等讲解清楚、强调到位。

2. 主持词有几种风格？

答：按照惯例，法定性会议的主持词，应突出庄严隆重、用语规范的特色；工作性会议的主持词，应突出严肃认真、简单朴实的特色；临时性会议的主持词，应突出松紧有度、针对性强的特色；庆祝会、表彰会的主持词，应突出欢乐祥和、热情奔放的特色。

×××××××①单位先进事迹材料

×××××××①单位×××××××②。近年来，×××××××①单位×××××××③。先后获得过×××××××④、×××××××④等荣誉称号。

一、×××××××⑤。

二、×××××××⑤。

三、×××××××⑤。

…………

×××××××①单位是一个×××××××⑥的先进集体，是×××××××⑦。我们要认真学习×××××××①单位的先进事迹，×××××××⑧。

×××××××⑨

××××⑩

【注释】

①×××××× 单位部门。

②×××××× 单位部门概况介绍，如主要职能、员工人数等。

③高度概括其先进事迹和取得的成绩，写四五行文字即可。

④具体荣誉。

⑤正文部分，详细介绍×××××× 单位在工作方面取得的成绩，必须真实，不能捏造。

⑥某一方面、某一领域。

⑦对其先进事迹进行总体上的评价。

⑧号召各单位学习，以及学习什么、怎么学习。

⑨落款单位。

⑩成文日期。

【写作规范】

1. 什么是先进事迹材料？

答：先进事迹材料是指党、政、军机关为了弘扬正气、表彰先进、推动工作，表彰对本单位具有突出事迹的集体和个人而整理出的文字宣传材料。

2. 先进事迹材料有哪几种？

答：一般分为先进个人事迹材料和先进集体事迹材料等。

3. 先进事迹材料的框架是怎样的？

答：先进事迹材料由标题、前言、正文、结尾、落款五部分组成。

4. 先进事迹材料的正文怎么写？

答：先进事迹材料正文的写作以事迹为主要内容，写出先进集体或个人的工作经历、先进事迹及取得的成绩。

×××①同志先进事迹材料

×××①，×××②，×××③，××××④年××④月出生，××××④年××④月参加工作，现担任××××××⑤单位××××××⑥。先后获得过××××××⑦、××××××⑦等荣誉称号。

×××①同志自参加工作以来，××××××⑧。

一、××××××⑨。

二、××××××⑨。

三、××××××⑨。

············

×××①同志是新时期××××××⑩典型代表，是××××××⑪。我们要认真学习×××①同志先进事迹，××××××⑫。

×××××× ⑬

×××× ⑭

【注释】

①姓名。

②性别。

③政治面貌。

④具体年月。

⑤××××××单位××××××部门。

⑥具体职务。

⑦具体荣誉。

⑧高度概括其先进事迹，写四五行文字即可。

⑨正文部分，详细介绍感人事迹、取得的成绩、具体表现等，如典型事例、典型言论、典型行为、典型思想动机、典型精神品格和道德风尚等，必须真实，不能捏造。

⑩某一方面、领域、系统的典型代表。

⑪对其先进事迹进行总体上的评价。

⑫号召大家向×××同志学习，以及学习什么、怎么学习。

⑬落款单位。

⑭成文日期。

【写作规范】

1. 先进事迹材料有哪些特点？

答：先进事迹材料具有叙写先进事迹、体现时代精神、教育感染群众的特点。

2. 先进事迹材料可以用双行标题吗？

答：先进事迹材料可以用双行标题。除了采用正常规则的标题之外，也可以采用双行标题，也就是采用正题和副题形式，正题高度概括文章的主旨，副题标明先进对象。

3. 先进事迹材料和人物通讯有何区别？

答：一是传播范围不同，先进事迹材料一般在一定范围内传播，而人物通讯是新闻体裁，传播面更广；二是语言风格不同，先进事迹材料的语言朴实、庄重，人物通讯的语言要生动、形象。

竞聘演讲稿

尊敬的各位领导、各位同事：

非常感谢能够给我这样一个机会，向大家汇报我的工作和学习情况。下面，我从四个方面向大家汇报：

一、个人概况

××××××①。

二、工作经历

××××××②。

三、自身优势

（一）××××××③。

（二）××××××③。

…………

四、工作设想

（一）××××××④。

（二）××××××④。

…………

不管今天我是否竞聘成功，我都会不断地加强学习、勤于思考，不断完善自己，以饱满的热情认真干好本职工作，虚心接受各位领导、各位同事提出的宝贵意见。

××××××⑤

××××⑥

【注释】

① 出生日期，籍贯，大、中、小学的简要情况等。

② 参加工作以来，经历过的单位和担任过的职务，重点写到本单位以来取得了哪些成绩，也要感谢领导和同事们对自己的关心和支持。

③ 竞聘此工作岗位，有哪些优势。竞聘正职时，要侧重大局观念、领导能力、工作热情、组织能力、协调能力、业务水平等；竞聘副职时，要侧重工作热情、组织能力、协作能力、业务水平等。

④ 主要讲竞聘成功后的一些工作设想，怎么开展工作。竞聘正职特别要强调领导能力、决策能力、团结同事的能力等；竞聘副职要强调做好正职的参谋助手，协助正职做好工作，维护好团结。

⑤ 竞聘人。

⑥ 竞聘时间。

【写作规范】

1. 什么是竞聘演讲稿？

答：竞聘演讲稿又称竞聘报告、竞争上岗演讲稿、竞聘书，是竞聘者在竞聘会议上向与会者发表的一种阐述自己竞聘条件、竞聘优势、对竞聘职务的认识，以及被聘任后的工作设想、打算等的工作文书。

2. 竞聘演讲稿有哪几种？

答：竞聘演讲稿一般分为机关干部竞聘演讲稿、企业干部竞聘演讲稿、事业干部竞聘演讲稿等。

3. 竞聘演讲稿是什么框架？

答：竞聘演讲稿由首部、正文、落款三部分组成。首部主要包括标题、称谓等；正文一般由开头、主体和结语等部分组成；落款包括署名和时间。

4. 竞聘演讲稿的正文怎么写？

答：竞聘演讲稿的正文主要概括自己的基本情况、竞聘优势、对岗位的认识以及被聘任后的工作设想等，不要议论。

5. 竞聘演讲稿有哪些特点？

答：竞聘演讲稿的最大特点就是竞争性，要体现出优势所在。

6. 竞聘演讲稿的语言有何特点？

答：竞聘演讲稿的语言要口语化。从演讲稿的角度来说，必须讲究"上口"和"入耳"，讲起来通达流利，听起来非常顺畅，没有什么语言障碍，不会发生曲解，倾听者易于接受。

沟通类公文

表扬信（支持工作）

××××××①：

首先，向在××××××②工作的同志们道一声谢谢，感谢你们为××××××③所做出的不懈努力和无私奉献！

自××××××④以来，我××××××⑤一直得到贵单位的帮助。××××××⑥。

最后，再次衷心感谢××××××①对我××××××⑤的大力支持并致以最高的敬意！

××××××⑦

××××⑧

【注释】

①称谓，××××××单位。

②××××××单位从事××××××工作。

③地区发展建设、社会和谐稳定等。

④××××××时间节点。

⑤如省、市、区、县、局、单位、公司等。

⑥写一小段得到帮助和支持的具体内容即可。

⑦落款单位。

⑧成文日期。

【写作规范】

1. 什么是表扬信？

答：表扬信是向特定受信者表达对被表扬者优秀品行颂扬之情的一种专用书信。

2. 表扬信有哪几种？

答：一般有上级对下级的表扬信、团体对个人的表扬信、群众之间进行表扬的表扬信。

3. 表扬信的框架是什么？

答：表扬信由标题、称谓、正文、落款四部分组成。标题、称谓、落款按正常规则书写；正文包括事迹经过、表扬内容、发出号召等部分。

4. 表扬信有哪些特点？

答：表扬信具有实事求是、用事实说理、语气热情恳切的特点。

表扬信（英勇事迹）

××××××①：

××②月××②日，由于×××××××③。×××××××④发现×××××××⑤之后，×××××××⑥。×××××××④的英勇表现使所有在场的人深受鼓舞和感动。

当前，正值×××××××⑦之时，×××××××④这一高尚行为为我们树立了良好的榜样。我们除向×××××××④学习外，特写信向×××××××①建议，请×××××××①把×××××××④的英雄事迹广为宣传并予以表扬。

××××××⑧

××××⑨

【注释】

①称谓，×××××× 单位或者 ×××××× 领导。

②具体日期。

③突发情况，如由于 ×××××× 原因造成 ×××××× 严重后果。

④被表扬者姓名。

⑤×××××× 突发情况。

⑥具体的英雄事迹。

⑦学雷锋、志愿服务、×××××× 教育活动等。

⑧落款单位。

⑨成文日期。

【写作规范】

1．表扬信的用途主要是什么？

答：表扬信主要用于作者在日常工作、生活中受益于被表扬者的高尚品行（或被其品行所感动），特向被表扬者所在单位或其上级领导致信，以期使其受到表彰、奖励，使其精神发扬光大的情况。

2．每个人都可以写表扬信吗？

答：是的。无论是组织还是个人，都可以写表扬信。

3．表扬信可以把事迹稍微放大吗？

答：不可以。表扬信必须实事求是，对被表扬的人和事情的叙述一定要准确无误，既不夸大，也不缩小。对被表扬人进行评价时也要恰如其分。

表扬信（拾金不昧）

××××××①：

　　××②月××②日，××××××③。

　　××××××④。

　　××××××⑤同志拾金不昧的行为，充分表现出了一名××××××⑥的高尚人格品质和良好的社会公德，也是××××××⑦的荣誉。我们要积极学习他这种拾金不昧的精神，为××××××⑧事业的发展做出自己应有的贡献。

××××××⑨

××××⑩

【注释】

①称谓，××××××单位或者×××领导。

②拾金不昧事件发生的具体日期。

③简述所丢财物的地点、经过等。

④被表扬者拾到财物的经过和具体表现，最好有一些细节描写。

⑤被表扬者姓名。

⑥优秀共产党员、优秀共青团员、优秀青年等。

⑦××××××单位、××××××部门、××××××学校。

⑧××××××地区经济和社会事业等。

⑨落款单位。

⑩成文日期。

【写作规范】

1. 表扬信的语言文字有什么要求？

答：表扬信的语气一定要热情、恳切，其文字要朴素、精练，篇幅要短小精悍。

2. 表扬信可以表扬集体吗？

答：表扬信既可以表扬个人，也可以表扬集体。

3. 表扬信与嘉奖令、表彰决定、表彰通报等有何不同？

答：嘉奖令、表彰决定、表彰通报都是法定公文，而表扬信属于应用文，在写作时更灵活，自由度更大一些。

感谢信（爱心捐助）

××××××^①：

××××^②年××^②月××^②日，×××××××^①在百忙之中来到××××××^③，开展爱心捐助活动。这对于我们来说，无疑是雪中送炭的大好事。在此，我们向×××××××^①表示衷心的感谢！

这次捐助活动，意义非常重大。×××××××^④。

通过本次活动，相信我们会×××××××^⑤。

最后，让我们再一次向帮助和支持我们的×××××××^①表示由衷的感谢！

×××××××^⑥

××××^⑦

【注释】

①称谓，即感谢对象。可以是单位，也可以是个人。

②具体日期。

③具体地点，如××××××村镇、××××××学校等。

④捐助活动意义的具体体现，不仅包括经济上、物质上的帮助，更包括精神上的鼓舞等。

⑤具体怎么做，如努力学习、回报社会、学会感恩、积极向上等。

⑥落款单位。

⑦成文日期。

【写作规范】

1. 什么是感谢信？

答：感谢信是向帮助、关心和支持过自己的集体（党政机关、企事业单位、社会团体等）或个人表示感谢的专用书信，有感谢和表扬双重意思。

2. 感谢信有哪几种？

答：一般分为写给个人的感谢信和写给集体的感谢信。

3. 感谢信的框架是什么？

答：感谢信由标题、称谓、正文、结语、落款五部分组成。标题、称谓、结语、落款按正常规则书写；正文包括叙述感谢理由、表示谢意等内容。

感谢信（好人好事）

××××××①：

　　最近，××××××②。

　　这种××××××③，体现了××××××④。

　　为此，我们向×××××××①表示衷心的感谢！感谢××××××⑤。

　　希望××××××⑥。

××××××⑦

××××⑧

【注释】

① 称谓，即感谢对象。可以是单位，也可以是个人。

② 被感谢对象的具体行为和表现。

③ ×××××× 精神，如无私奉献、忘我工作、主人翁意识等。

④ 作为一名共产党员的 ×××××× 优秀品质等。

⑤ 可以用几个排比句从各个方面感谢，如感谢 ××××××、感谢 ××××××、感谢 ××××××。

⑥ 号召大家学习，如认真学习 ×××××× 先进事迹、争做 ××××××、为 ×××××× 建设做出更大贡献。

⑦ 落款单位。

⑧ 成文日期。

【写作规范】

1. 感谢信有哪些特点？

答：感谢信具有公开、真挚、表达方式多样的特点。

2. 感谢信的结语有哪些？

答：感谢信一般用"此致""敬礼"或"再次表示诚挚的感谢""再次表示由衷的感谢"之类的话作结语，也可自然结束正文，不写结语。

3. 写感谢信向对方表示谢意的方式有哪些？

答：写感谢信时，可以在叙事和评论的基础上直接向对方表达感谢之意，也可在表达谢意之后表示自己或所在单位以实际行动向对方学习的态度和决心。

感谢信（致员工家属）

××××××①：

你们好！

伴随着节日的喜庆气息，××××②年的钟声即将敲响。值此辞旧迎新之际，我谨代表××××××③领导班子，向××××××①致以衷心的感谢和诚挚的祝福。祝你们在新的一年里幸福、健康、快乐、吉祥！

××××④年，××××××⑤。

感谢你们××××××⑥。

最后，祝愿你们春节快乐、身体健康、合家幸福、万事如意！

××××××⑦

××××⑧

【注释】

①称谓，即感谢对象，单位全体员工及家属。

②年份。

③××××××单位、××××××公司等。

④上一年份。

⑤简述一年来取得的成就和大家所做出的贡献。

⑥从几个方面进行感谢，如辛勤工作、无私奉献等。

⑦落款单位及负责人。

⑧成文日期。

【写作规范】

1. 感谢信一般怎么发布？

答：感谢信的发布方式有三种：一是公开张贴，二是在新闻媒体刊登，三是直接寄给单位、集体或个人。

2. 感谢信的语言文字有何要求？

答：感谢信的语言文字要求简洁、精练、真挚、朴实，不要过分修饰，给人华而不实之感。

3. 感谢信与表扬信有何区别？

答：感谢信一般由当事人或者当事人单位、亲属等来写，而表扬信只要是了解情况的人都可以写。

贺信（党代会）

中国共产党×××××××①第×××②次代表大会：

在这×××××××③的时节，×××××××①人民怀着无比喜悦和振奋的心情迎来了中国共产党×××××××①第×××②次代表大会的隆重召开。在此，我们向大会表示热烈的祝贺！

×××××××④以来的五年里，×××××××⑤在×××××××⑥的正确领导下，×××××××⑦。这些成就来之不易，充分表明×××××××⑤是×××××××⑧的领导集体。我们对×××××××①的全面进步由衷地感到振奋、骄傲和自豪！

长期以来，×××××××⑤坚持×××××××⑨，×××××××⑩。在此，我们向×××××××⑤表示衷心的感谢！

站在新的历史起点上，我们坚信×××××××⑪。我们一定×××××××⑫。

祝大会圆满成功！

×××××××⑬

××××⑭

【注释】

①××××××地区（单位名称）。

②次数。

③描述一下季节，如春意盎然的季节、硕果累累的季节等。

④上一次党代会，具体×××次代表大会。

⑤××××××党委。

⑥上一级党委。

⑦简述过去五年的发展成就。

⑧如求真务实、开拓创新、坚强有力、奋发有为等。

⑨××××××方针政策。

⑩对××××××工作给予大力支持和帮助，简述支持和帮助的具体内容。

⑪新一届领导班子一定能够带领××××××开拓创新，扎实工作，取得更大的成就等。

⑫表态或展望、希望等，如贯彻落实好××××××、做好××××××工作，为××××××做出更大贡献。

⑬××××××党委、党组，或者××××××民主党派。

⑭成文日期。

【写作规范】

1. 什么是贺信?

答：贺信是指党政机关、企事业单位、社会团体或个人向其他集体、单位或个人表示祝贺的一种专用书信。

2. 贺信一般适用于哪些主体?

答：贺信一般用在国家之间、平级单位之间、上下级之间或者个人之间。

贺信（节日）

××××××^①：

  值此第×××^②个××××××^③节到来之际，谨代表××××××^④，向你们致以节日的祝贺和诚挚的问候！

  ××××××^⑤事业是××××××^⑥。多年来，××××××^⑦。

  当前，××××××^⑧。××××××^⑨。

  新时代，新使命，新作为。希望××××××^⑩。

××××××^⑪

××××^⑫

【注释】

①称谓。

②第几个，具体数字。

③如护士节、记者节、教师节等。

④××××××党委、政府或者××××××部门。

⑤××××××工作。

⑥简述某工作的重要性，如某工作是党的事业的重要组成部分，是推动经济、社会发展的重要力量等。

⑦简述某工作取得的成就，如深入贯彻落实××××××，坚持××××××路线、方针、政策，做了大量扎实细致、富有成效的工作，为××××××改革发展稳定做出了积极贡献，等等。

⑧介绍当前面临的形势、任务，写一两句话即可。

⑨对做好下一步工作提出几点要求。

⑩提出希望和号召。

⑪落款单位。

⑫成文日期。

【写作规范】

1. 贺信的框架是什么样的？

答：贺信由标题、称谓、正文、结语、落款五部分组成。标题、称谓、结语、落款按正常规则书写；正文包括交代背景、概括成绩、表示祝贺等部分。

2. 贺信有哪些特点？

答：贺信具有祝贺、赞扬、鼓舞、号召的特点。

贺信（开业）

××××××①:

　　喜闻××××××②将于××③月××③日开业，××××××④致以最热烈的祝贺！希望我们加强交流，互相学习，为××××××⑤贡献更大的力量。

××××××④

××××⑥

【注释】

①称谓。

②××××××单位、××××××公司等。

③具体日期。

④发贺信单位。

⑤做好××××××工作、推进××××××事业等。

⑥成文日期。

【写作规范】

1. 贺信的结语有哪些?

答:贺信的结语非常自由,可根据实际需要来写,如"此致""敬礼""祝大会圆满成功""祝争取更大的胜利""祝您健康长寿"等。

2. 贺信的语言文字有何要求?

答:贺信有不同的类型,有给上级的,有给下级的,有给平级的,所以不同类型贺信的语言文字使用也不尽相同,要把握好分寸。但是总体上要热情洋溢,给人鼓舞,给人力量。

贺信（校庆）

×××××××①:

值此你校成立×××②周年之际，谨向全校师生致以热烈的祝贺！

×××②年来，你校××××××③。

希望你们××××××④。

××××××⑤

××××⑥

【注释】

①称谓，××××××学校。

②具体年数。

③简述多年来取得的办学成就，如坚持××××××、贯彻××××××、艰苦创业、勇于开拓、为国家培养了大批人才、为××××××事业做出了重要贡献等。

④提出几点希望，如高举××××××旗帜、贯彻落实××××××精神、以××××××为指导、深化××××××、推进××××××、为××××××培养更多的人才等。

⑤落款单位。

⑥成文日期。

【写作规范】

1. 没有什么联系的单位之间可以写贺信吗？

答：贺信的祝贺方和被祝贺方往往是有工作相关性或者一定亲密度的，写贺信的目的是为了慰问、赞扬、增进感情。

2. 贺信上的赞扬可以夸张一点儿吗？

答：当然不可以。贺信中肯定成绩和赞扬某人某事都要实事求是，切忌盲目吹嘘，过分夸张，给人讽刺之嫌。

贺信（新年）

××××××①：

××××××②，××××××②。

值此辞旧迎新之际，××××××③向××××××④致以诚挚的问候和衷心的祝福！

××××⑤年，××××××⑥上下齐心协力，××××××⑦。这些成绩的取得，是××××××⑧的结果。在此，××××××③向所有为××××××⑨发展付出辛勤劳动和做出巨大贡献的××××××④表示衷心的感谢！

××××⑤年是××××××⑩。在新的一年，我们将××××××⑪。我们也希望××××××④能够××××××⑫。

最后，衷心祝愿大家新年快乐！

××××××⑬

××××⑭

【注释】

①称谓。

②引用两句有关辞旧迎新的成语或者祝福语。

③××××××党委、政府或者××××××单位。

④某一领域人士。

⑤年份。

⑥××××××地区、××××××单位、××××××系统。

⑦简述取得了哪些成就，概括出几条内容即可。

⑧大家的支持、努力、关心、帮助等。

⑨××××××地区经济、社会发展，××××××系统科学发展，等等。

⑩××××××的重要一年、××××××的关键之年、××××××的开局之年、××××××的收官之年等。

⑪总体的工作思路。

⑫如继续支持××××××发展等。

⑬落款单位。

⑭成文日期。

【写作规范】

1. 贺信和祝词有何区别？

答：贺信是表彰、赞扬、庆贺对方在某个方面已经取得的成就；祝词一般用于事情尚未成功之时，表示祝愿、希望的意思。

2. 贺信和贺电有何区别？

答：贺信和贺电没有大的区别。如果要立即祝贺的话，最好通过电报的形式发，这就是贺电。贺电形式要求语言更加简洁，一般仅仅几十个字就可以了。

答谢词

××××××①：

我们对××××××②的××××××③即将结束。首先，请允许我代表××××××④对××××××②的盛情款待表示衷心的感谢！

在××××××③期间，有幸得到××××××⑤，给我们留下了难忘而深刻的印象。

希望××××××⑥。

祝友谊万古长青！后会有期！

××××××⑦

××××⑧

【注释】

① 称谓，即答谢对象。

② 贵国、贵地、贵单位等。

③ 考察、学习、调研、访问等。

④ 某国、某地、某单位等。

⑤ 得到对方的帮助内容，也就是答谢的原因。

⑥ 双方能够进一步加强合作、有机会到××××××做客、身体健康等。

⑦ 答谢人或答谢单位代表。

⑧ 成文日期。

【写作规范】

1. 什么是答谢词？

答：答谢词是指在特定的公共礼仪场合，主人致欢迎词或欢送词后，客人所发表的对主人的热情接待和关照表示谢意的讲话。

2. 答谢词有哪几种？

答：答谢词一般分为谢遇型答谢词和谢恩型答谢词。

3. 答谢词的框架是怎样的？

答：答谢词由标题、称谓、正文、落款四部分组成。标题、称谓、落款按正常规则书写；正文包括表示感谢、介绍经过、升华友谊等内容。

4. 答谢词有哪些特点？

答：答谢词一般具有感情真挚、评价适度、篇幅简短、语言精练的特点。

聘请书

为提高××××××①水平，××××××②成立了××××××③，特聘请×××④为该×××××××③×××××××⑤，指导××××××②的××××××①工作。

××××××②（公章）

××××××⑥×××④

××××⑦

【注释】

①某一项工作，如科研、教学、艺术等。

②××××××单位、学校、院、所等。

③××××××机构，如委员会、小组等。

④姓名。

⑤××××××职务，如主任、组长、学术顾问、艺术顾问、荣誉顾问等。

⑥聘请单位主要领导职务。

⑦成文日期。

【写作规范】

1. 什么是聘请书？

答：聘请书是用于聘请某些有专业特长或名望权威的人完成某项任务或担任某种职务的文体。

2. 聘请书适用范围是什么？

答：一般由学校、企业、社会团体等发出聘请书。

聘任书

  兹聘请×××^①×××××××^②担任本公司××××××^③一职。自××××^④年××^④月××^④日起生效。

  此聘。

××××××^⑤（公章）

××××××^⑥×××^①

××××^⑦

【注释】

　　①姓名。

　　②先生或者女士。

　　③具体职位名称。

　　④具体日期。

　　⑤××××××公司。

　　⑥××××××公司主要领导职务。

　　⑦成文日期。

【写作规范】

　　1．聘任书的框架是怎样的？

　　答：聘任书由标题、正文、结尾、落款四部分组成。标题、结尾、落款按正常规则书写，正文包括聘任职务、聘任期限、聘任待遇等内容。

　　2．聘任书有哪些特点？

　　答：聘任书具有纽带性、责任性、信任性等特点。

任命书

根据×××××××①公司章程第×××②条规定，经公司执行董事决定，任命×××③为总经理，任期××④年。

姓名：×××③身份证号码：××××××⑤住所：××××××⑥

执行董事（签字）：×××③×××③×××③

×××××××①（公章）

××××⑦

【注释】

①×××××× 公司。

②条数。

③姓名。

④年数。

⑤具体号码。

⑥具体地址。

⑦成文日期。

【写作规范】

1. 任命书的常用语有哪些？

答：任命书在开头时一般用"兹聘请×××……"，在结尾时一般用"此致""敬礼""此聘"等。

2. 任命书对篇幅有何要求？

答：任命书要求高度概括，最大限度地缩减文字，不要长篇大论。

3. 任命书必须加盖单位公章吗？

答：是的。任命书是以单位名义发出的，所以一定要加盖单位公章后方能生效。

邀请函（工作会议）

尊敬的×××①先生（女士）：

您好！

我们很诚挚地邀请您参加将于××②月××②日××②时在×××××××③举办的×××××××④会议。本次会议的主题是：×××××××⑤。

期待着您的积极支持与参与！

×××××××⑥

××××⑦

【注释】

　　①被邀请人姓名。

　　②具体日期和时间。

　　③××××××地点，一定要精确。

　　④会议名称。

　　⑤会议主题。

　　⑥邀请单位。

　　⑦成文日期。

【写作规范】

　　1．什么是邀请函？

　　答：邀请函是一种礼仪性的信函，是用于邀请亲朋好友或知名人士、专家等参加单位或个人的某项重要活动的文书。

　　2．邀请函有哪几种？

　　答：一般分为事务邀请函和个人邀请函。

邀请函（答谢会）

尊敬的×××①先生（女士）：

为感谢您及贵××××××②对我们长期以来的支持与厚爱，我们将在××××××③举办××××××④答谢会，期待您的光临！

时　　间：××××××⑤

地　　点：××××××⑥

联 系 人：×××⑦

联系电话：××××××⑧

电子邮箱：××××××⑨

××××××⑩

××××⑪

【注释】

①被邀请人姓名。

②单位、企业等。

③××××××酒店××××××厅。

④答谢会主题。

⑤具体时间,精确到几点几分。

⑥具体地点,一定要详细。

⑦联系人姓名。

⑧电话号码。

⑨邮箱地址。

⑩邀请单位或者邀请人。

⑪成文日期。

【写作规范】

1. 邀请函的框架是什么样的?

答:邀请函由标题、称谓、正文、结尾、落款五部分组成。标题、称谓、结尾、落款按正常规则书写;正文包括事由、时间、地点、要求、注意事项等内容。

2. 邀请函有哪些特点?

答:邀请函具有广泛性、多向性、谦恭性等特点。

邀请函（聚会）

尊敬的×××①先生（女士）：

×××××②聚会将于近期举行，期待您的参与。

时　　间：××××××③

地　　点：××××××④

活动内容：

1．××××××⑤。

2．××××××⑤。

3．××××××⑤。

…………

××××××⑥

××××⑦

【注释】

①被邀请人姓名。

②聚会主题。

③具体时间，具体到几点几分。

④具体地点，细致到房间号。

⑤活动内容，如聚餐、烧烤、游戏等。

⑥邀请单位或者邀请人。

⑦成文日期。

【写作规范】

1. 哪些单位可使用邀请函？

答：邀请函的使用非常广泛，不受级别限制，各级党政机关、企事业单位、社会团体、基层组织都可以使用邀请函。

2. 邀请函主要用在什么场合？

答：邀请函可以用在各种国际交往及日常社交活动中，如艺术节、电影节、交易会、庆祝会、学术交流会、研讨会等。

邀请函（晚会）

尊敬的×××①先生（女士）：

为感谢××××××②，定于××××③年××③月××③日举办××××××④晚会。我们为您精心准备了晚会节目，有唱歌、游戏等，现场备有蛋糕、点心，欢迎踊跃参加。

时　间：××××××⑤

地　点：××××××⑥

×××××××⑦

××××⑧

【注释】

①被邀请人姓名。

②××××××的支持和帮助等。

③具体日期。

④晚会主题。

⑤具体时间，具体到几点几分。

⑥具体地点，细致到房间号。

⑦邀请单位或者邀请人。

⑧成文日期。

【写作规范】

1. 邀请函要注意哪些细节？

答：邀请函一定要注意细节，如有无宴会安排，着装要求，各种活动具体的时间、地点，接送站，等等。

2. 邀请函的结束语有哪些？

答：邀请函的结束语一般有"欢迎指导""敬请光临""恭请莅临""请届时光临指导"等，表示恭敬和礼貌。

邀请函（参观）

尊敬的×××①先生（女士）：

×××××②主要生产×××××③、×××××③等产品，现特别邀请您到我公司×××××④参观洽谈业务，望您在百忙之中抽空给予指导。我公司全体员工竭诚欢迎您的到来！

此致

敬礼！

×××××⑤

××××⑥

【注释】

①被邀请人姓名。

②××××××企业、××××××公司。

③××××××新型产品。

④具体地点，如总部或者车间、展台等。

⑤邀请公司。

⑥成文日期。

【写作规范】

1. 邀请函的语言文字有何要求？

答：邀请函的内容类似于通知，但与通知相比，还有几分商量的意思。另外，由于不是行政命令，所以在用词上一定要礼貌。

2. 邀请函在什么时候发出较为合适？

答：邀请函当然是越早发出越好。这样可以给被邀请人更多的准备时间，使被邀请人对工作有一个统筹安排，避免由于时间冲突而无法接受邀请。

党员证明信

×××××××^①：

　　×××^②同志，性别：××^③；民族：×××^④；文化程度：××××××^⑤；身份证号码：×××××××^⑥。经查入党志愿书，该同志于××××^⑦年××^⑦月××^⑦日加入中国共产党，现为中共正式（预备）党员。

　　特此证明。

×××××××^⑧（公章）

××××^⑨

【注释】

①称谓，即收信单位党组织，没有明确收信单位党组织的可省略。

②姓名。

③男或女。

④民族。

⑤大专、硕士等。

⑥身份证号码。

⑦具体日期。

⑧开证明的党组织。

⑨成文日期。

【写作规范】

1. 什么是证明信?

答: 证明信是以党政机关、社会团体、企事业单位或个人的名义凭借确凿的证据证明某人的身份、经历或某件事情的真实情况时所使用的一种专用文书。

2. 证明信有哪几种?

答: 一般分为组织证明信和个人证明信。

法定代表人证明

××××××_①_：

兹证明×××_②_同志（性别：××_③_；年龄：×××_④_；国籍：×××_⑤_；民族：×××_⑥_；身份证号码：××××××_⑦_）现任我单位××××××_⑧_，为我单位法定代表人。

特此证明。

××××××_⑨_（公章）

××××_⑩_

【注释】

①称谓，即收信单位，没有明确单位的可省略。

②姓名。

③男或女。

④年龄，周岁。

⑤国籍。

⑥民族。

⑦身份证号码。

⑧所担任职务。

⑨证明单位。

⑩成文日期。

【写作规范】

1. 证明信的框架是怎样的？

答：证明信由标题、称谓、正文、结尾、落款五部分组成。标题、称谓、结尾、落款按正常规则书写；正文主要写需要被证明的事实。

2. 证明信有哪些特点？

答：证明信具有凭证和信笺的特点。

工作证明

××××××××①：

××××②同志，性别：××③；政治面貌：××××××④；身份证号码：××××××⑤。该同志于××××⑥年××⑥月××⑥日至××××⑥年××⑥月××⑥日在××××××⑦从事××××××⑧工作，工作积极，团结同事，遵纪守法，各方面表现优秀。我单位对本证明真实性负责。

特此证明。

××××××⑦（公章）

××××⑨

【注释】

①称谓，即收信单位，没有明确收信单位的可省略。

②姓名。

③男或女。

④中共党员、民主党派、群众等。

⑤身份证号码。

⑥具体时间。

⑦证明单位。

⑧所从事工作及担任职务。

⑨成文日期。

【写作规范】

1. 证明信都可以证明哪些内容？

答：证明信可以证明身份、学历、职务、收入、履历及其他有关事项。

2. 证明信需要留存底稿吗？

答：证明信必须留存底稿并登记备案，以备必要时查证。

离职证明

××××××①：

×××②自××××③年××③月××③日入职××××××④担任××××××⑤职务，至××××③年××③月××③日因个人原因申请离职，在此期间无不良表现，经××××××⑥研究决定，同意其离职并已办理离职手续。因未签订相关保密协议，遵从择业自由。

特此证明。

××××××④（公章）

××××⑦

【注释】

①称谓，即收信单位，没有明确收信单位时可省略。

②姓名。

③具体日期。

④证明单位。

⑤具体职务。

⑥××××××单位、××××××公司董事会等。

⑦成文日期。

【写作规范】

1. 证明信对语言文字有何要求？

答：证明信的语言文字要求准确无误，不能使用模棱两可的语言，避免因语言文字问题影响证明信的效果。

2. 证明信的结语有哪些？

答：证明信的结语一般有"特此证明""情况属实，特此证明"等。

学历证明

××××××××①：

　　兹有我校学生×××②，性别××③，于××××④年××④月以×××××××⑤学历进入我校××××××⑥专业学习，学制×××⑦年，毕业时间为××××④年××④月，学历为××××××⑧。

　　证书编号：×××××××⑨

　　身份证号码：×××××××⑩

　　特此证明。

××××××⑪（公章）

××××⑫

【注释】

①称谓，即收信单位，没有明确收信单位的可省略。

②姓名。

③男或女。

④具体年月。

⑤高中、大专、本科等。

⑥具体专业名称。

⑦年数。

⑧最后取得的学历。

⑨具体编号。

⑩身份证号码。

⑪证明学校。

⑫成文日期。

【写作规范】

1．证明书具有法律效力吗？

答：证明书具有规范性法律文件的效力，也就是狭义的法律效力。规范性法律文件的效力指法律的生效范围或适用范围，即法律对什么人、对什么事、在什么地方和什么时间有约束力。

2．证明信的复印件有效吗？

答：复印的证明信是无效的。

贫困证明

×××××××①：

贵校学生×××②及其家长属本地居民。家庭基本情况如下：

1．家庭人口×××③人，家庭成员组成：×××××××④、×××××××④。家庭年收入约×××⑤元。

2．主要收入来源：×××××××⑥。

3．目前家庭主要困难：×××××××⑦，确属贫困家庭。

特此证明。

×××××××⑧（公章）

×××××××⑨（公章）

××××⑩

【注释】

①称谓，收信学校。

②姓名。

③家庭人数。

④主要学生及学生的父母等。

⑤具体数额。

⑥如低保、种植、养殖等。

⑦家里有病人、无劳动能力等。

⑧证明单位，一般为街道社区。

⑨证明单位，一般为民政部门。

⑩成文日期。

【写作规范】

1. 证明信必须要有称谓吗?

答：大部分证明信都有明确的主送单位，在证明信的开头顶格写明主送单位的全称即可；有些通用的证明书，也可以不写主送单位。

2. 证明信开头常用的"兹"怎么解释?

答："兹"是近指代词，意思是"这、现在"，用以指代近前的事物。可单独使用，也可以组词使用，如兹为、兹经、兹因、兹将、兹就等。

实习证明

××××××× ① ：

 兹证明×××②在我单位从××××③年××③月××③日到××××③年××③月××③日在×××××× ④岗位实习。现已通过实习。

 特此证明。

 ×××××× ⑤（公章）

 ×××× ⑥

【注释】

①称谓，即收信单位，没有明确收信单位的可省略。

②姓名。

③具体时间。

④具体工作岗位。

⑤证明单位。

⑥成文日期。

【写作规范】

1. 证明信一般使用哪种表达方式?

答：在表达方式上，证明信以记叙、说明为主，要文通字顺，言简意赅，不要夸张地描述，也不要发表空泛的议论，更不需要发自肺腑抑或慷慨激昂的抒情。

2. 证明信的写作风格是什么样的?

答：在写作风格上，证明信力求浅近平实，无需讲究生动形象，更无需诙谐幽默，平平淡淡才是真。

收入证明

×××××××①：

　　兹证明×××②是×××××××③员工，性别：××④；身份证号码：×××××××⑤；在×××××××⑥部门任×××××××⑦职务。月收入×××⑧元，一年总收入约为×××⑧元。

　　特此证明。

　　　　　　　　　　　　　　　×××××××③（公章）

　　　　　　　　　　　　　　　××××⑨

【注释】

①称谓，即收信单位，没有明确收信单位的可省略。

②姓名。

③证明单位。

④男或女。

⑤身份证号码。

⑥××××××部门名称。

⑦××××××具体职务。

⑧数额，大写。

⑨成文日期。

【写作规范】

1. 证明信可以涂改吗？

答：如果确实需要涂改，也是可以的，但是必须在涂改处加盖公章。

2. 开工作证明信对印章有什么要求？

答：开工作证明信盖的章必须是单位的公章，而且必须是圆章。

委派证明

××××××①：

因××××××②原因，我单位××××××③，现委托我单位×××④同志（身份证号码为××××××⑤），前往××××××①办理××××××③，请给予办理为盼。

××××××⑥（公章）

××××⑦

【注释】

①称谓，即收信单位，没有明确收信单位的可省略。

②委托办理某事的原因。

③需要办理的事。

④姓名。

⑤身份证号码。

⑥证明单位。

⑦成文日期。

【写作规范】

1. 可以为被开除的职工开具离职证明吗？

答：不可以。被开除的职工是填发开除证明书，而不是开具离职证明。

2. 个人出具证明信没有印章怎么办？

答：个人开具证明信，如果本人没有印章，可以在本人签名的同时，留下指印。

关于对 ××××^①年第 ×××^②号
人大代表建议的答复

××××××^③代表：

您好。收到您的《××××××^④》后，我们立即把此建议转到 ××××××^⑤。××××××^⑤组织有关人员进行了认真的学习和研究，大家一致认为，您在建议中所提出的 ×××^⑥条意见，对于 ××××××^⑦，具有积极的推动作用。

正如您所说的，当前，随着改革开放的不断深入，特别是 ××××××^⑧，××××××^⑨作为 ××××××^⑩，要建成 ××××××^⑪，实现 ××××××^⑫的宏伟目标，××××××^⑬对于 ××××××^⑨的建设与发展至关重要。根据您的建议，我们主要做了以下工作：

一是 ××××××^⑭。××××××^⑮。

二是 ××××××^⑭。××××××^⑮。

三是 ××××××^⑭。××××××^⑮。

……………

××××××^⑯

××××^⑰

【注释】

①年份。

②编号。

③提出建议的代表姓名。

④建议标题。

⑤某个下属具体部门。

⑥具体数量。

⑦提高××××××、推进××××××、树立和展示×××××× 等。

⑧写两句当前形势。

⑨×××××× 省、市、区等。

⑩处于什么样的地位。

⑪×××××× 类型的城市、城区等。

⑫具体的发展目标。

⑬人大代表建议的这项具体工作。

⑭开展的具体工作，分条目写。

⑮每一项工作具体的内容。

⑯答复单位。

⑰成文日期。

【写作规范】

1. 什么是答复？

答：答复是对人大代表的建议和政协委员的提案进行回复说明的一种文字材料。

2. 答复有哪几种？

答：一般分为对人大代表建议的答复和对政协委员提案的答复。

3. 答复的框架是怎样的？

答：答复由标题、称谓、正文、落款四部分组成。标题、称谓、落款按正常规则书写；正文围绕建议或者提案中的问题进行概括性或者对应性答复。

4. 答复有哪些特点？

答：答复最显著的特点就是要有针对性，要围绕人大代表的建议或者政协委员的提案的问题来答复。

关于对 ××××^①年第 ×××^②号 政协委员提案的答复

××××××^③委员：

您的提案《××××××^④》收悉，非常感谢您对 ××××××^⑤工作的关心和支持，现就提案答复如下：

近年来，××××××^⑥。

但我们也看到，××××××^⑦。

下一步，××××××^⑧。

非常感谢您对 ××××××^⑤工作的重视和支持，也欢迎您在百忙之中继续对我们的工作提出宝贵的意见和建议。

××××××^⑨

××××^⑩

【注释】

①年份。

②编号。

③委员姓名。

④提案标题。

⑤××××××方面工作。

⑥先写近年来在这方面工作中采取了哪些措施、取得了哪些成绩，如领导重视、加强管理、规范纪律、提高工作水平，先后获得了什么荣誉，等等。

⑦要写存在的问题，可以引用政协委员提案中提出的问题。

⑧解决问题和推动工作的具体措施。可以结合自身工作来写，这样就会有一致性，贯彻落实起来比较切合实际，同时也要把政协委员提案中的具体建议、措施有选择性地加进来，必须确保可操作性。可用一段文字来书写，也可分条目写。

⑨答复单位。

⑩成文日期。

【写作规范】

1. 答复对语言文字有何要求？

答：答复的语言文字要简明、通顺。对某事的办理过程要做简单介绍，明确答复人大代表、政协委员能办还是不能办。能办的，说明什么时候开始办或者现在已经办到什么程度，预计什么时候可以办好；不能办的，讲明情况，说明理由，有政策依据的要提供详细的依据。

2. 答复时用什么样的口气？

答：口气要诚恳、谦逊。答复的对象是行使人民代表大会权力的人大代表和行使民主监督权力的政协委员，因此要对其高度重视，要以诚恳、谦逊的态度进行答复。

3. 答复时是以人大代表、政协委员的满意为标准吗？

答：答复时要以实事求是、符合实际为标准。能解决的，一定要千方百计想办法解决；列入规划解决的，要实事求是地讲清原因；暂时不能解决的，也要如实说明原因。绝对不能为了求得人大代表、政协委员的满意，把目前不能解决的问题说成已解决或者列入规划解决。

规约类公文

×××××××①办法

第一章　总则

第一条　为×××××××②，根据《×××××××③》，制定本办法。

第二条　×××××××④。

第三条　×××××××④。

…………

第二章　×××××××⑤

第×××⑥条　×××××××⑤。

第×××⑥条　×××××××⑤。

第×××⑥条　×××××××⑤。

…………

第三章　×××××××⑤

第×××⑥条　×××××××⑤。

第×××⑥条　×××××××⑤。

第×××⑥条　×××××××⑤。

…………

第×××⑦章　附则

第×××⑥条　×××××××⑧。

第×××⑥条　×××××××⑧。

第×××⑥条　本办法自××××⑨年××⑨月××⑨日起施行。××××⑨年××⑨月××⑨日×××××××⑩发布的《×××××××⑪》同时废止。

【注释】

①×××××× 实施办法、管理办法、暂行办法、临时办法等。

②目的、意义，写两三句话即可。

③相关法律法规。

④总则里其他条目，如实施机关、主管机关以及适用范围和对象等。

⑤此为分则部分，即办法的具体内容，一般采用章断条连式。

⑥条数。

⑦章数。

⑧附则里主要是对办法的一些说明，如执行要求、解释权等。

⑨具体日期。

⑩×××××× 党委、政府或者 ×××××× 单位、部门。

⑪原办法全称。

【写作规范】

1. 什么是办法？

答：办法是有关机关或部门根据党和国家的方针政策及有关法规、规定，就某一方面的工作或问题提出具体做法和要求的文件。

2. 办法有哪几种？

答：一般分为实施文件办法和工作管理办法。

3. 办法是什么框架？

答：办法由首部和正文两部分组成。首部主要包括标题、制发时间和依据等项目内容，如果印发通知中已说明制发时间和依据，首部中可省略；正文一般由依据、规定、说明等部分组成。

4. 办法的正文怎么写？

答：可分章、分条叙述，一般采用章断条连式。主体部分是各条规定，具体内容和措施依次逐条写清楚，结尾交代实施的日期和对实施的说明。

5. 办法有哪些特点？

答：办法具有侧重于行政约束力和具体、完整的特点。

6. 什么是章断条连式结构？

答：这种结构以章为序划分层次，各章下的"条"不依章断开另起开头，而是连续编号。

×××××××①条例

第一章　总则

第一条　根据《××××××②法》（以下简称《×××③法》）的规定，制定本条例。

第二条　××××××④。

第三条　××××××④。

…………

第二章　××××××⑤

第×××⑥条　××××××⑤。

第×××⑥条　××××××⑤。

第×××⑥条　××××××⑤。

…………

第三章　××××××⑤

第×××⑥条　××××××⑤。

第×××⑥条　××××××⑤。

第×××⑥条　××××××⑤。

…………

第×××⑦章　附则

第×××⑥条　××××××⑧。

第×××⑥条　××××××⑧。

第×××⑥条　本条例自发布之日起施行。

【注释】

①××××××实施条例、管理条例、暂行条例等。

②××××××行政法规具体名称。

③××××××行政法规简称。

④总则里其他条目，如实施机关、主管机关以及适用范围和对象等。

⑤此为分则部分，即条例的具体内容，一般采用章断条连式。

⑥条数。

⑦章数。

⑧附则里主要是对条例的一些说明，如执行要求、解释权等。

【写作规范】

1. 什么是条例？

答：条例是国家权力机关或行政机关依照政策和法令而制定并发布的，针对政治、经济、文化等各个领域内的某些具体事项而做出的，比较全面系统、具有长期执行效力的文件。

2. 条例有哪几种？

答：一般分为实施条例、管理条例、暂行条例等。

3. 条例的框架是怎样的？

答：条例由首部和正文两部分组成。首部主要包括标题、条例通过时间、会议和公布的日期、施行的日期等，如果印发通知中已说明通过时间、会议和公布的日期等，首部中可省略；正文一般由因由、条规、施行说明等部分组成。

4. 条例的正文怎么写？

答：条例的正文一般常采用总分式和条目式结构。

5. 条例有哪些特点？

答：条例具有法规性、稳定性、独特性的特点。

6. 条例制发者可以是企事业单位吗？

答：条例制发者不可以是企事业单位。条例制发者必须是国家权力机关或行政机关以及受这些机关委派的组织，企事业单位的职能部门以及党派团体均不能用条例行文。

×××××× ① 规定

第一条　为了×××××× ②，制定本规定。

第二条　×××××× ③ 适用本规定。

第三条　×××××× ④ 。

第四条　×××××× ④ 。

第五条　×××××× ④ 。

....

第××× ⑤ 条　本规定自×××× ⑥ 年×× ⑥ 月×× ⑥ 日起施行。

【注释】

①某一项具体工作的规定，如管理规定、若干规定、暂行规定、特别规定等。

②目的、意义。

③本规定适用对象。

④规定的具体内容，一条一条地列出。

⑤条数。

⑥具体日期。

【写作规范】

1. 什么是规定？

答：规定就是领导机关或职能部门对特定范围内的工作和事务制订相应措施，要求所属部门和下级机关贯彻执行的法规性公文。

2. 规定有哪几种？

答：规定一般分为若干规定、暂行规定、管理规定、特别规定等。

3. 规定的框架是怎样的？

答：规定由首部和正文两部分组成。首部主要包括标题、制发时间和依据等，如果印发通知中已说明制发时间和依据，首部中可省略；正文一般由总则、分则和附则等部分组成。

4. 规定的正文怎么写？

答：规则正文的一般格式包括条款式和章条式。总则交代制定规定的缘由、依据、指导思想、适用原则和范围等；分则包括规定的实质性内容和要求具体执行的依据；附则说明有关执行要求等。

5. 规定有哪些特点？

答：规定具有系统性、概括性、可执行性的特点。

6. 规定有什么作用？

答：规定用于在全国性行政法规指导下对某一方面的行政工作进一步具体化，从而便于执行。

×××××××①规则

（×××× ②年 ×× ②月 ×× 日② ×××××××③
第 ××× ④次全体会议通过）

第一章 总 则

一、为使 ×××××××③各项工作规范化、制度化，切实履行 ×××××××⑤赋予的职责，根据《×××××××⑥》和《×××××××⑥》，结合 ×××××××③工作实际，制定本规则。

二、×××××××③工作的指导思想是：×××××××⑦。

三、×××××××③工作的准则是：×××××××⑧。

第二章 ×××××××⑨

四、×××××××⑨。

五、×××××××⑨。

六、×××××××⑨。

············

第三章 ×××××××⑨

××× ⑩、×××××××⑨。

××× ⑩、×××××××⑨。

××× ⑩、×××××××⑪。

【注释】

① ××××××规则，一般为××××××政府或者××××××单位、部门工作规则等。

② 具体日期。

③ ××××××政府或者××××××单位、部门。

④ 次数。

⑤ 上一级机关。

⑥ 法律法规名称。

⑦ 如国务院工作指导思想是：在以习近平同志为核心的党中央坚强领导下，高举中国特色社会主义伟大旗帜，以马克思列宁主义、毛泽东思想、邓小平理论、"三个代表"重要思想、科学发展观、习近平新时代中国特色社会主义思想为指导，认真贯彻党的基本理论，基本路线，基本方略，坚持和加强党的全面领导，严格遵守宪法和法律，全面正确履行政府职能，建设人民满意的法治政府、创新政府、廉洁政府和服务型政府。

⑧ 如国务院工作准则是：执政为民，依法行政，实事求是，民主公开，务实清廉。

⑨ 分则具体内容，采取章断条连式。如工作规则要包括以下要素：领导职责、依法行政、决策程序、政务公开、监督制度、会议制度、公文审批、工作纪律、廉政和作风建设等。按照纲目结合自身工作实际——添加具体内容。

⑩ 条数。

⑪ 可作为附则，如哪些单位适用本规则。

【写作规范】

1. 什么是规则？

答：规则是指由群众共同制定、公认或由代表人统一制定并通过的，由群体里的所有成员一起遵守的条例和章程。

2. 规则有哪几种？

答：一般分为工作规则、活动规则等。

3. 规则是什么框架？

答：规则由首部和正文两部分组成。首部主要包括标题、制发时间和依据等，如果印发通知中已说明制发时间和依据，首部中可省略；正文一般由总则、分则和附则等部分组成。

4. 规则的正文怎么写？

答：规则正文的一般格式包括条款式和章条式。总则是关于制定规则的指导思想、缘由、依据等项内容；分则是规范项目，它是规则的实质性内容、要求执行的依据；附则说明解释权和施行时间。

5. 规则有哪些特点？

答：规则具有具体性、简明性的特点。

×××××××①规范

第一章　总则

第一条　为×××××××②，依据《×××××××③》，制定本规范。

第二条　×××××××④。

第三条　×××××××④。

…………

第二章　×××××××⑤

第×××⑥条　×××××××⑤。

第×××⑥条　×××××××⑤。

第×××⑥条　×××××××⑤。

…………

第三章　×××××××⑤

第×××⑥条　×××××××⑤。

第×××⑥条　×××××××⑤。

第×××⑥条　×××××××⑤。

…………

第×××⑦章　附则

第×××⑥条　×××××××⑧。

第×××⑥条　×××××××⑧。

第×××⑥条　本规范自××××⑨年××⑨月××⑨日起施行。××××⑨年××⑨月××⑨日×××××××⑩发布的《×××××××⑪》（××文模××××⑫）同时废止。

【注释】

① ××××××工作。

② 目的、意义，写两三句话即可。

③ 相关法律法规。

④ 总则里其他条目，如实施机关、主管机关以及适用范围和对象等。

⑤ 此为分则部分，即规范的具体内容，一般采用章断条连式。

⑥ 条数。

⑦ 章数。

⑧ 附则里主要是对规范的一些说明，如执行要求、解释权等。

⑨ 具体日期。

⑩ 原发布单位。

⑪ 原规范全称。

⑫ 发文字号。

【写作规范】

1. 什么是规范？

答：规范是明文规定或约定俗成的标准，或是指按照既定标准、规范的要求进行操作，使某一行为或活动达到或超越规定的标准。

2. 规范有哪几种？

答：一般分为工作规范、岗位规范等。

3. 规范的框架是怎样的？

答：规范由首部和正文两部分组成。首部主要包括标题、制发时间和依据等，如果印发通知中已说明制发时间、依据，首部中可省略；正文一般由总则、分则和附则等部分组成。

4. 规范的正文怎么写？

答：规范正文的一般格式包括条款式和章条式。总则是关于制定规则的指导思想、缘由、依据等项内容；分则是实质性内容，是要求执行的具体方法步骤；等等；附则说明解释权和施行时间。

5. 规范有哪些特点？

答：规范具有广泛性、可操作性的特点。

×××××××^①工作规程

第一章　总则

第一条　为贯彻《×××××××^②》、加强对×××××××^①的管理，提高×××××××^①水平，特制定本规程。

第二条　×××××××^③。

第三条　×××××××^③。

··········

第二章　×××××××^④

第×××^⑤条　×××××××^④。

第×××^⑤条　×××××××^④。

··········

第三章　×××××××^④

第×××^⑤条　×××××××^④。

第×××^⑤条　×××××××^④。

··········

第×××^⑥章　附则

第×××^⑤条　×××××××^⑦。

第×××^⑤条　×××××××^⑦。

第×××^⑥条　本规程自颁布之日起实施。

【注释】

① 某项工作。

② ××××××法律法规或者文件。

③ 其他需要说明的事项，如主要任务、工作原则等。

④ 分则具体内容，一般采用章断条连式。就工作规程来说，一般包括基本职责、管理制度、奖励惩罚、工作方针政策、领导体制、工作队伍建设等。

⑤ 条数。

⑥ 章数。

⑦ 附则里主要是对规程的一些说明，如执行要求、解释权等。

【写作规范】

1. 什么是规程？

答：规程就是规定的程序，是机关单位对某一事项或者操作在一定范围内要求人们遵守的统一的程序和要求，是在工作程序中贯穿的一定的标准、要求和规定。

2. 规程有哪几种？

答：一般分为工作规程、操作规程、暂行规程、活动规程等。

3. 工作规程的框架是怎样的？

答：工作规程由标题和正文两部分组成。标题按正常规则书写；正文一般由总则、分则和附则等部分组成。

4. 工作规程的正文怎么写？

答：工作规程的正文一般格式包括条款式和章条式。总则是关于制定规则的指导思想、缘由、依据等项内容；分则是实质性内容、要求执行的标准和要求；附则说明解释权和施行时间。

×××××××^①活动规程

一、活动时间和地点

活动时间：××××^②年××^②月××^②日××^②时。

活动地点：×××××××^③。

二、活动项目

×××××××^④。

三、参加对象

×××××××^⑤。

四、×××××××^①活动办法

（一）×××××××^⑥。

（二）×××××××^⑥。

（三）×××××××^⑥。

…………

五、报名办法

1．报名时间：××××^⑦年××^⑦月××^⑦日。

2．报名方式：×××××××^⑧。

六、奖励办法

×××××××^⑨。

七、×××××××①组委会联系方式

联系方式：×××××××⑩

八、重要提示

未尽事项，另行通知。本规则解释权属于×××××××①组委会。

【注释】

①活动名称。

②活动的具体时间。

③具体地点。

④包含的具体项目。

⑤参加的具体对象，如中、小学生或者老年人、×××××家庭等。

⑥开展活动的具体办法，包括哪些活动项目和方式。

⑦报名的具体日期。

⑧如电话、电子邮箱、网站、现场报名等。

⑨奖励的具体办法、奖品设置等。

⑩电话或者电子邮箱等。

【写作规范】

1. 活动规程的框架是怎样的？

答：活动规程由标题和正文两部分组成。标题按正常规则书写；正文一般分条目写即可。

2. 活动规程的正文怎么写？

答：活动规程要分别把时间、地点、组织形式、联系方式等各种要素分条目一一列出。

3. 规程有哪些特点？

答：活动规程具有标准性、制度性的特点。

×××××××①公约

第 一 条　为×××××××②，根 据《×××××××③》《×××××××③》等 有 关 法 律 法 规，经×××××××④、×××××××④共 同 协 商，制 定 本 公 约。

第 二 条　×××××××⑤。

第 三 条　×××××××⑤。

第 四 条　×××××××⑤。

…………

第×××⑥条　本 公 约 经×××××××⑦大 会 审 议 通 过 后 实 施。

×××××××⑧

××××⑨

【注释】

① ××××××行业、××××××系统、××××××单位、××××××部门的自律公约、廉政公约等。

② 目的、意义，写两三句话即可。

③ ××××××法律法规。

④ 某些单位。

⑤ 公约具体内容，如严格执行国家法律、建立约束监督机制、加强管理和培训等。

⑥ 条数。

⑦ 会议名称。

⑧ 公约制定单位或者××××××群体。

⑨ 成文日期。

【写作规范】

1. 什么是公约？

答：公约是指各个国家、部门、人员之间的一个共同遵守的约定，一般是大家就有关国家、部门、人员之间的利益问题进行公开讨论达成一致意见，并且同意遵守的一个规定。

2. 公约有哪几种？

答：一般分为部门公约、行业公约、民间公约等。

3. 公约的框架是怎样的？

答：公约由标题、正文和尾部三部分组成。标题按正常规则书写；正文一般由引言、主体等部分组成；尾部包括署名和日期。

4. 公约的正文怎么写？

答：引言主要用来写明制定公约的目的、意义，主体将具体内容一一列出，最后写执行要求、生效日期等。

5. 公约有哪些特点？

答：公约具有公众约定性、长期适用性、集体监督性、基本原则性的特点。

×××××××①章程

第一条　为了更好地×××××××②，×××××××①根据国家法律、法规和×××××××③规定，制定本章程。

第二条　×××××××④。

第三条　×××××××④。

第四条　×××××××④。

…………

第×××⑤条　本章程由×××××××①制定、修改并解释。

第×××⑤条　本章程自××××⑥年××⑥月××⑥日起实施，原章程同时废止。

【注释】

①×××××× 企业、学校、社团等。

②目的、意义，写两三句话即可。

③相关规定，如地方规章等。

④从业务角度提出章程的具体内容，分条目写。

⑤条数。

⑥具体日期。

【写作规范】

1. 什么是章程？

答：章程是组织、社团经特定的程序制定的关于组织规程和办事规则的法规性文书，是一种根本性的规章制度。

2. 章程有哪几种？

答：章程一般分为组织章程和业务工作章程等。

3. 章程的框架是怎样的？

答：章程由标题和正文两部分组成。标题按正常规则书写；正文一般由总则、分则和附则等部分组成。

4. 章程的正文怎么写？

答：章程正文的一般格式包括条款式和章条式。总则说明组织的性质、宗旨、任务和作风等，分则说明成员、组织、经费等，附则说明制定权、修改权和解释权，等等。

5. 章程有哪些特点？

答：章程具有稳定性、约束性的特点。

6. 章程与规则的关系？

答：章程与规则的关系类似于宪法和法律的关系。

×××××××^①守则

一、×××××××^②。

二、×××××××^②。

三、×××××××^②。

四、×××××××^②。

五、×××××××^②。

　　……………

【注释】

① 如职工守则、学生守则、×××××× 工作人员守则、×××××× 值班人员守则等。

② 守则内容分条目写，要简洁明确，有可执行性。如爱党、爱国、爱集体、爱本职、努力学习、执行法律、遵章守纪、廉洁奉公等。

【写作规范】

1. 什么是守则？

答：守则是由国家机关、社会团体、企事业单位制定的，要求所属人员共同遵守的行为规范。

2. 守则有哪几种？

答：一般分为职工守则、工作人员守则、学生守则等。

3. 守则的框架是怎样的？

答：守则由标题和正文两部分组成。标题按正常规则书写，有时也标注时间，如 "××××年 ×× 月 ×× 日 ×××××× 会议通过"；正文一般直接分条目写内容即可。

4. 守则的正文怎么写？

答：守则的正文一般采用通篇分条式写法，条与条之间要条理清楚，层次分明。

5. 守则有哪些特点？

答：守则具有原则性、约束性、完整性的特点。

6. 守则具有法律效力吗？

答：守则不具有法律效力，没有明显的强制性，但是有教育作用和约束作用。

×××××××①指引

第一章　总则

第一条　为×××××××②，依据《×××××××③》，制定本指引。

第二条　×××××××④。

第三条　×××××××④。

…………

第二章　×××××××⑤

第×××⑥条　×××××××⑤。

第×××⑥条　×××××××⑤。

第×××⑥条　×××××××⑤。

…………

第三章　×××××××⑤

第×××⑥条　×××××××⑤。

第×××⑥条　×××××××⑤。

第×××⑥条　×××××××⑤。

…………

第×××⑦章　附则

第×××⑥条　×××××××⑧。

第×××⑥条　×××××××⑧。

第×××⑥条　本指引自××××⑨年××⑨月××⑨日起施行。××××⑨年××⑨月××⑨日×××××××⑩发布的《×××××××⑪》（公文×模板×⑫）同时废止。

【注释】

① ×××××× 工作，一般用于金融行业。

② 目的、意义，写两三句话即可。

③ 相关法律法规。

④ 总则里其他条目，如实施机关、主管机关以及适用范围和对象等。

⑤ 此为分则部分，即指引的具体内容，一般采用章断条连式。

⑥ 条数。

⑦ 章数。

⑧ 附则里主要是对指引的一些说明，如执行要求、解释权等。

⑨ 具体日期。

⑩ 原发布单位。

⑪ 原指引全称。

⑫ 发文字号。

【写作规范】

1. 什么是指引？

答：指引是指示和引导某项工作流程的文件。

2. 指引有哪几种？

答：一般只有工作指引一种，而且多用于金融行业。

3. 指引的框架是怎样的？

答：指引由首部和正文两部分组成。首部主要包括标题、制发时间和依据等，如果印发通知中已说明制发时间、依据，首部中可省略；正文一般由总则、分则和附则等部分组成。

4. 指引的正文怎么写？

答：指引正文的一般格式包括条款式和章条式。总则说明制作本细则的目的、根据、适用范围、执行原则；分则根据法律、法规、规章的有关条款制订出具体的执行标准、实施措施、执行程序和奖惩措施；附则说明解释权和施行时间。

5. 指引有哪些特点？

答：指引具有规范性、引导性的特点。

×××××× ① 细则

（××××②年××②月××②日×××××××③批准 ××××②年××②月××②日×××××××④发布 ××××② 年××②月××②日×××××××③批准修订 ××××② 年××②月××②日×××××××④发布 根据××××②年 ××②月××②日《××××××⑤》修订）

第一章 总则

第一条 根据《××××××⑥》（以下简称《×××⑦》） 的规定，制定本细则。

第二条 ××××××⑧。

第三条 ××××××⑧。

…………

第二章 ××××××⑨

第×××⑩条 ××××××⑨。

第×××⑩条 ××××××⑨。

第×××⑩条 ××××××⑨。

…………

第三章 ××××××⑨

第×××⑩条 ××××××。⑨

第×××⑩条 ××××××⑨。

第×××⑩条 ××××××⑨。

············

第×××⑪章 附则

第×××⑩条 ××××××⑫。

第×××⑩条 ××××××⑫。

第×××⑩条 本细则自发布之日起施行。

【注释】

①××××××细则，一般为××××××行政法规的实施细则。

②具体日期。

③××××××机关，如国务院等。

④××××××部门。

⑤××××××文件，一般为××××××决定。

⑥××××××行政法规具体名称。

⑦××××××行政法规简称。

⑧总则里其他条目，如实施机关、主管机关以及适用范围和对象等。

⑨此为分则部分，即细则的具体内容，与××××××行政法规内容相对应，一一做出解释和补充，一般采用章断条连式。

⑩条数。

⑪章数。

⑫附则里主要是对细则的一些说明，如执行要求、解释权等。

【写作规范】

1. 什么是细则？

答：细则也称实施细则，是有关机关或部门为使下级机关或人员更好地贯彻执行某一法令、条例和规定，结合实际情况，对其所做的详细的、具体的解释和补充。

2. 细则有哪几种？

答：一般只有实施细则一种。

3. 细则的框架是怎样的？

答：细则由首部和正文两部分组成。首部主要包括标题、制发时间和依据等；正文一般由总则、分则和附则等部分组成。

4. 细则的正文怎么写？

答：细则正文的格式一般包括条款式和章条式。总则说明制作本细则的目的、根据、适用范围、执行原则；分则根据法律、法规、规章的有关条款制订出具体的执行标准、实施措施、执行程序和奖惩措施；附则说明解释权和施行时间，有的细则还对一些未尽事宜做出说明。

5. 细则有哪些特点？

答：细则具有规范性、补充性、可操作性的特点。

6. 细则和其他法律法规有何区别？

答：细则是主体法律、法规、规章的从属性文件，对法令、条例、规定或其部分条文进行解释和说明。

其他类公文

×××××××①会议方案

为传达贯彻×××××××②精神，总结交流××××③年工作情况，安排部署××××③年工作任务，拟召开×××××××①会议。现制订方案如下：

一、会议名称　×××××××①会议

二、会议时间　××④月××④日（××⑤）××④时（约××⑥分钟）

三、会议地点　×××××××⑦会议室

四、参加人员（约×××⑥人）

×××××××⑧，×××××××⑧，×××××××⑧。

五、会议日程

会议由×××××××⑨同志主持。

1．×××××××⑩。

2．×××××××⑩。

3．×××××××⑩。

六、工作分工

1．会务工作由×××××××⑪负责。

2．会议材料由×××××××⑫负责起草。

3．会议宣传由×××××××⑬负责。

$$×××××××⑭$$

$$××××⑮$$

【注释】

①会议名称。

②上级会议或者××××××党委、政府会议。

③年份。

④具体日期和时间。

⑤周几。

⑥具体数字。

⑦具体到某楼层某会议室。

⑧××××××参会领导、××××××负责人等，分类列出名单。

⑨××××××同志职务、姓名。

⑩具体议程，如传达××××××会议精神、××××××领导做工作报告、总结交流经验、××××××领导讲话等。

⑪××××××部门、单位，一般为综合部门，如办公室。

⑫××××××部门、单位，一般为政研室、研究室、办公室等。

⑬××××××宣传部门。

⑭落款单位。

⑮成文日期。

【写作规范】

1. 什么是方案？

答：方案是工作的具体计划或对某一问题制定的规划。

2. 方案有哪几种？

答：一般分为工作方案、实施方案、活动方案、营销方案、策划方案等。

×××××××①活动方案

一、活动时间

××××②年 ××②月 ××②日 ××②时

二、活动地点

×××××××③

三、参加人员

1．×××××××④。

2．×××××××④。

…………

四、活动流程

1．×××××××⑤。

2．×××××××⑤。

…………

五、有关要求

1．×××××××⑥。

2．×××××××⑥。

…………

×××××××⑦

××××⑧

【注释】

①活动名称。

②具体时间。

③活动地点，要具体明确。

④具体参加人员，分类别列出即可。

⑤活动的议程，如参观、讲话等。

⑥对活动的具体要求，如提前到场，手机关机、静音，服装要求等。

⑦落款单位。

⑧成文日期。

【写作规范】

1. 方案的框架是怎样的？

答：方案由标题、正文、落款三部分组成。标题、落款按正常规则书写；正文包括指导思想、主要目标、实施步骤、政策措施等内容。

2. 方案有哪些特点？

答：方案具有广泛性、具体性、规定性的特点。

×××××××①调研方案

时　　间：××××②年　××②月　××②日

地　　点：××××××③、××××××③、××××××③、……

调研主题：××××××①

参加人员：

××××××④、××××××④、××××××④、……

行程安排：

一、×××⑤××××××⑥。

二、×××⑤××××××⑥。

三、×××⑤××××××⑥。

…………

联系人：

××××××⑦　×××⑧　××××××⑨

××××××⑩

××××⑪

【注释】

①调研主题。

②具体日期。

③写出几个调研地点即可。

④每一位参加调研人员的单位、职务、姓名。

⑤××时××分。

⑥具体安排，如实地考察、召开座谈会等。

⑦联系人单位。

⑧联系人姓名。

⑨联系人电话。

⑩落款单位。

⑪成文日期。

【写作规范】

1. 方案制订要遵循什么原则？

答：在制订方案时，一定要遵循符合客观实际的原则，同时也要着眼于工作的发展变化趋势，既要务实也要科学合理。

2. 方案的可行性是指什么？

答：方案的可行性是指方案要具有可执行性，不能把方案写得天花乱坠，为了写方案而写方案，要重点考虑方案怎么去执行、怎么样执行才能取得成效。

×××××××①采访方案

按照×××××××②统一部署，×××××××①采访团定于××××③年××③月××③日至××③日来×××××××④采访。经报请×××××××⑤主要领导同意，现就采访团在×××××××④的采访活动安排制订如下方案：

一、采访团成员

采访团由×××××××⑥、×××××××⑥、×××××××⑥等×××××××⑦媒体约×××⑧人组成。

二、采访主题

1．×××××××⑨。

2．×××××××⑨。

…………

三、重点活动安排

1．×××××××⑩。

2．×××××××⑩。

…………

四、工作分工

1．×××××××⑪负责×××××××⑫。

2．×××××××⑪负责×××××××⑫。

…………

×××××××⑬

××××⑭

【注释】

　　①××××××采访团。

　　②××××××部门，一般为宣传主管部门。

　　③具体时间。

　　④××××××地区。

　　⑤××××××党委、政府。

　　⑥××××××媒体名称，如报社、广播电视台、网络媒体、新媒体等。

　　⑦中央、省、市直媒体等。

　　⑧人数。

　　⑨和采访团事先商定的主题，主要围绕当地经济、社会发展来确定。

　　⑩几项重点活动，如举办媒体见面会、采访××××××领导、实地采访等。

　　⑪××××××部门。

　　⑫具体工作分工，如总体协调、材料准备、后勤保障等。

　　⑬落款单位。

　　⑭成文日期。

【写作规范】

　　1. 写方案之前要做哪些准备工作？

　　答：一是要做好调查研究工作，掌握实际情况；二是要做好材料搜集工作，提供理论政策依据。

　　2. 为什么说方案具有广泛性？

　　答：方案的应用范围很广泛，主体既可以是各级的党政机关，也可以是企事业单位和各种社会团体。同时方案还涉及政治、经济、文化及人们的生活等方面的内容。

×××××××①宣传方案

为×××××××②，按照《×××××××③》（×××××××④）精神，现就有关宣传报道工作制订如下方案：

一、指导思想

×××××××⑤。

二、宣传重点

1．大力宣传×××××××⑥。

2．大力宣传×××××××⑥。

…………

三、报道安排

第一阶段（×××⑦至×××⑦）：×××××××⑧。

第二阶段（×××⑦至×××⑦）：×××××××⑧。

……

四、工作要求

1．×××××××⑨。

2．×××××××⑨。

…………

×××××××⑩

××××⑪

【注释】

① ×××××× 工作。

② 目的、意义。

③ ×××××× 文件。

④ 发文字号。

⑤ 如全面贯彻落实 ×××××× 会议精神、深入学习习近平新时代中国特色社会主义思想、以 ×××××× 为主题、着力宣传 ××××××、为建设 ×××××× 而凝聚力量等。

⑥ 宣传的重点内容，要一条条列出。

⑦ 具体时间。

⑧ 每一个阶段都宣传什么、在哪些媒体宣传等。

⑨ 提出几点要求，如把握导向、精心部署，创新方法、务求实效，加强统筹、形成合力，严格管理、严肃纪律等。

⑩ 落款单位。

⑪ 成文日期。

【写作规范】

1. 方案可以单独发文吗？

答：不可以。方案不是法定公文，必须用通知来印发。

2. 方案的缘由一般怎么写？

答：方案的缘由就是依据和要达到的目的是什么。有的方案是依据上级部署，有的是出于实际工作需要。依据上级部署的方案一般要把上级文件名称及文号写上，再写上需要达到的目的即可。根据实际工作需要制定的工作方案，简单写明起因，需要达到的目的即可。

××××××①接待方案

××××××②拟定于××③月××③日至××③日来××××××④调研××××××⑤工作情况。现拟定接待方案如下：

一、迎送及陪同

1．××××××②一行抵、离××××××④时，请×××⑥到××××××⑦接送。

2．在××××××④调研期间，请×××⑥全程陪同。

二、住宿安排

××××××②住××××××⑧宾馆×××⑨房间。房间摆放××××××⑩。

三、工作餐安排

××⑪月××⑪日××⑪时，在××××××⑫午餐；××⑪时，在××××××⑫晚餐。

请×××⑥陪同就餐。

四、调研安排

×××⑪时××××××⑬。

×××⑪时××××××⑬。

×××⑪时××××××⑬。

············

五、座谈会安排

1．时间安排：×× ⑪月 ×× ⑪日 ×× ⑪时

2．会议地点：× × × × × × ⑭

3．参加人员：× × × × × × ⑮、× × × × × × ⑮，× × × × × × ⑮

······

4．会议日程：× × × × × × ⑯汇报工作；座谈发言；请× × × × × × ⑯讲话。会议请× × × × × × ⑯主持。

× × × × × × ⑰

× × × × ⑱

【注释】

① ×××××× 接待，如调研接待、首长考察接待等。

② ×××××× 领导或者 ×××××× 调研组。

③ 具体时间。

④ ×××××× 地区，省、市、区、县等。

⑤ 某一领域工作。

⑥ 在不违反中央八项规定的前提下，请某位领导同志。

⑦ 机场、车站或者码头等。

⑧ 宾馆名称。

⑨ 房间号。

⑩ 如汇报材料、地图、各级报刊等。

⑪ 具体时间。

⑫ 就餐地点。

⑬ 具体调研日程安排。

⑭ ×××××× 会议室。

⑮ 参会人员，即 ×××××× 领导及 ×××××× 主要领导、主管领导、负责同志等。

⑯ ××× 同志的职务、姓名。

⑰ 落款单位。

⑱ 成文日期。

【写作规范】

1. 制订方案应该依据什么？

答：方案要根据上级的有关文件及精神来制订，要根据所要实施的工作的目的、要求、内容及单位的实际情况来制订。

2. 方案要体现创意吗？

答：新的工作、新的活动需要新的内容，在整体符合上级要求的情况下，可以在实施措施和办法方面进行一些创新，创造好的形式和载体，这样也有利于工作和活动更好地开展。

关于×××××××①的实施方案

为×××××××②，按照×××××××③的总体安排部署，在×××××××④深入开展×××××××①活动。现制订如下实施方案：

一、指导思想和目标

×××××××⑤。

二、主要内容和措施

（一）×××××××⑥。

1．×××××××⑥。

2．×××××××⑥。

…………

（二）×××××××⑥。

1．×××××××⑥。

2．×××××××⑥。

…………

三、有关要求

1．×××××××⑦。

2．×××××××⑦。

…………

×××××××⑧

××××⑨

【注释】

①××××××活动。

②目的、意义，如贯彻落实××××××工作、推动××××××工作。

③××××××党委、政府或者××××××部门、单位。

④××××××范围内，全省、全市、全区、全县等。

⑤如深入学习贯彻××××××精神、突出××××××主线、坚持××××××、通过开展活动达到××××××目标。

⑥具体内容和措施，一条条列出即可。措施要有针对性和可操作性。

⑦提出几点要求，如加强领导、认真组织，广泛宣传、营造氛围，着眼长远、务求实效等。

⑧落款单位。

⑨成文日期。

【写作规范】

1. 方案的标题字数有限制吗？

答：虽然没有具体字数限制，但是也不宜太长。总体来说，标题要简洁，要简要地交代出工作方案的主题，一般不要超过20个字。

2. 方案需要编写目录吗？

答：这要以实际需要来衡量，一般的方案不需要目录，但是方案内容比较多时，为突出层次性，可以编制目录，一目了然。

关于开展××××××①活动的实施方案

按照××××××②《××××××③》（××××××④）要求，今年××⑤月至××⑤月，在××××××②深入开展××××××①活动。现制订实施方案如下：

一、目标任务

××××××⑥。

二、参加范围

××××××⑦。

三、主要内容

在××××××①活动中，重点抓好以下×××⑧个方面问题：

（一）××××××⑨。

（二）××××××⑨。

（三）××××××⑨。

…………

四、活动步骤

××××××①活动主要集中在××××⑤年××⑤月至××⑤月之间，分×××⑧个阶段进行：

（一）××××××⑩阶段（××⑤月至××⑤月）。

××××××⑪。

（二）××××××⑩阶段（××⑤月至××⑤月）。

××××××⑪。

（三）××××××⑩阶段（××⑤月至××⑤月）。

××××××⑪。

…………

五、组织领导

（一）××××××⑫。

（二）××××××⑫。

（三）××××××⑫。

…………

××××××⑬

××××⑭

【注释】

① 活动名称。

② ××××××地区、××××××单位、××××××部门。

③ ××××××文件。

④ 发文字号。

⑤ 具体时间。

⑥ 如按照××××××要求、以××××××为目标、以××××××为载体、解决××××××问题、推动××××××发展等。

⑦ 参加人员，分类列出。

⑧ 具体数字。

⑨ 活动的重点内容，一一列出。

⑩ 如工作部署阶段、查摆问题阶段、整改阶段、总结阶段等。

⑪ 每一个阶段具体做的事项。

⑫ 如成立领导小组、各部门做好配合等。

⑬ 落款单位。

⑭ 成文日期。

【写作规范】

1. 方案的标题如何做到准确、规范?

答：方案名称要准确、规范，这是最基本的要求。"准确"是指方案的标题要把具体工作的内容是什么交待清楚。"规范"是指所用的词语、句型要规范，不要使用似是而非的词语和句型。

2. 方案的指导思想一般由哪几个方面组成?

答：方案的指导思想一般由大政方针、地方工作重点和工作原则、需要达到的工作目标组成。

关于治理××××××^①的实施方案

为进一步××××××^②，按照××××××^③的总体安排部署，根据《××××××^④》（××××××^⑤）要求，在××××××^⑥深入开展治理××××××^①工作。现制订如下实施方案：

一、指导思想

××××××^⑦。

二、目标要求

××××××^⑧。

三、工作重点

××××××^⑨。

四、实施步骤

按照××××××^③的部署，治理××××××^①专项工作计划安排×××^⑩个月的时间，从××××^⑪年××^⑪月开始，至××××^⑪年××^⑪月结束。工作分三个阶段进行。

第一阶段：××××××^⑫（××××^⑪年××^⑪月至××××^⑪年××^⑪月）。××××××^⑬。

第二阶段：××××××^⑫（××××^⑪年××^⑪月至××××^⑪年××^⑪月）。××××××^⑬。

第三阶段：××××××^⑫（××××^⑪年××^⑪月至××××^⑪年××^⑪月）。××××××^⑬。

××××××^⑭

××××^⑮

【注释】

①治理×××××的活动、工作等。

②目的、意义，如贯彻落实×××××工作、推动×××××工作。

③×××××党委、政府或者上级×××××部门、单位。

④×××××文件。

⑤发文字号。

⑥×××××范围内，全省、全市、全区、全县等。

⑦如以×××××为指导，全面贯彻落实×××××，按照×××××会议的部署和要求，依据×××××文件有关规定，坚持×××××，明确工作重点，解决突出问题，确保×××××工作取得显著成效，等等。

⑧通过开展治理×××××活动，坚决遏制×××××势头，增强×××××意识，使相关制度规定得到完善，建立起×××××工作的长效机制。

⑨治理×××××要围绕×××××、×××××等环节，重点查处违反×××××有关规定的行为，坚决纠正×××××行为，坚决杜绝××××行为。

⑩具体数字。

⑪具体时间。

⑫如动员部署阶段、自查自纠依法查处阶段、总结提高阶段等。

⑬每个阶段的具体内容，如召开工作会议、严肃查处案件、进行全面总结等。

⑭落款单位。

⑮成文日期。

【写作规范】

1. 实施方案的具体性体现在什么地方？

答：实施方案的具体性主要体现在实施方案要把某项工作的工作内容、目标要求、实施的方法步骤以及领导保证、督促检查等各个环节都要做出具体明确的安排，要落实到工作分几个阶段、什么时间开展、什么人来负责、领导及监督如何保障等。

2. 实施方案的规定性体现在哪几个方面？

答：实施方案的规定性主要体现在两个方面。一方面，实施方案要根据上级的有关文件及精神来制定，要根据所要实施的工作目的、要求、工作内容及单位的实际情况来制定，而不能是随意制定的。另一方面，实施方案一旦制定出来，制定机关及相关部门单位就要按照实施方案认真组织实施，具有强制性。

关于××××××^①工作的汇报提纲

××××××^②：

按照××××××^②要求，现将××××××^①工作情况汇报如下：

一、××××××^①工作基本情况

××××××××^③。主要做了以下工作：

（一）××××××^④。

（二）××××××^④。

（三）××××××^④。

　…………

二、当前××××××^①工作中存在的主要问题

××××××^①工作虽然取得了一些成绩，但总体来看，由于××××××^⑤，××××××^①工作还存在××××××^⑥、××××××^⑥等问题。主要表现在：

（一）××××××^⑦。

（二）××××××^⑦。

（三）××××××^⑦。

　…………

三、下一步工作总体思路和主要措施

当前和今后一个时期，我们将××××××⑧。重点抓好以下几个方面的工作：

（一）××××××⑨。

（二）××××××⑨。

（三）××××××⑨。

…………

××××××⑩

××××⑪

【注释】

　　① 某项工作。

　　② 上一级机关，××××××党委、政府或者××××××单位、部门。

　　③ 概述各级党委、政府及主要领导非常重视此项工作，如做了批示和指示、召开了会议、听取了汇报、进行了有力指导等，促使此项工作取得了很大成效。

　　④ 做了哪些工作、采取了哪些做法、取得了哪些成绩，一一列举出来。

　　⑤ 某些客观原因，写出一两条即可。

　　⑥ 列出几个存在的问题。

　　⑦ 逐条列举存在的问题，如体制不完善、基础较薄弱、发展不平衡、责任不明晰、制度不健全、督查不到位等。

　　⑧ 工作总体思路，如深入贯彻落实××××××、坚持以××××××为指导、紧紧围绕××××××、加快××××××、实现××××××目标。

　　⑨ 把下一步要采取的主要措施一一列举出来。

　　⑩ 汇报单位。

　　⑪ 汇报日期。

【写作规范】

　　1. 什么是提纲?

　　答：提纲是一种概要式的书面文字材料，它不把所有内容都写出来，只把那些主要内容提纲挈领地写出来即可。

　　2. 提纲有哪几种?

　　答：一般分为传达提纲、汇报提纲、讲话提纲、写作提纲等。

　　3. 提纲的框架是怎样的?

　　答：提纲由标题、正文和落款三部分组成。标题、落款按正常规则书写；正文一般提纲挈领地写出纲目即可。

关于×××××××①会议精神的传达提纲

×ׂ②月××②日，×××××××①会议在××××××③举行。×××××××④同志代表××××××⑤发表重要讲话，×××××××④同志主持会议并做工作部署。×××××××④、×××××××④出席会议。

一、×××××××④同志讲话主要精神

会上，×××××××④同志××××××⑥。

×××××××④同志指出，×××××××⑦。

×××××××④同志着重强调了×××⑧个问题。

第一，×××××××⑨。

第二，×××××××⑨。

第三，×××××××⑨。

…………

二、×××××××④同志讲话主要精神

×××××××④同志强调，根据×××××××④同志提出的×××××××⑩工作总的思路和主要任务，×××××××⑩工作总的布局就是×××××××⑪。

×××××××④同志部署了要重点抓的×××⑧项工作。

一是×××××××⑫。

二是×××××× ^⑫。

三是×××××× ^⑫。

　　…………

×××××× ^⑬

×××× ^⑭

【注释】

①上级会议。

②具体日期。

③具体地点。

④×××××× 领导同志的职务、姓名。

⑤中央、省委、市委、区委、县委，或者各级人民政府等。

⑥分析当前形势，概括写出几句话。

⑦×××××× 工作的总体思路。

⑧具体数字。

⑨从讲话中提炼，挑主要的内容写，挑纲目性的内容写。

⑩×××××× 工作。

⑪具体内容，不可删减，要一字不落地写出来。

⑫把讲话的每一项重点内容列出来，列出纲目即可。

⑬汇报单位。

⑭汇报日期。

【写作规范】

1. 提纲的主体该怎么写？

答：每一种提纲的主体都不一样。汇报提纲一般写基本情况、经验体会、问题教训和今后的打算；传达提纲写会议概况、会议的基本精神、贯彻会议精神的意见；讲话提纲写讲话的开头语，再把所讲的主要内容以标题的方式列出来即可；写作提纲就是把文章的主要纲目列出来。

2. 提纲有哪些特点？

答：提纲具有纲要性、条理性的特点。

3. 到底是"提纲"还是"题纲"？

答：当然是"提纲"。"题纲"的写法是错误的。

向×××××××①常委会的汇报材料

（××××②年××②月××②日）

×××××××③

×××××××①常委会：

现将×××××××④会议的主要精神以及×××××××⑤工作××××⑥年的基本情况、××××⑥年主要安排做如下汇报：

一、×××××××④会议主要精神

××②月××②日，×××××××④会议在×××××××⑦举行。×××××××⑧同志代表×××××××⑨发表重要讲话，×××××××⑧同志主持会议并做工作部署。×××××××⑧、×××××××⑧出席会议。

（一）×××××××⑧同志讲话主要精神

会上，×××××××⑧同志×××××××⑩。

×××××××⑧同志指出，×××××××⑪。

×××××××⑧同志着重强调了×××⑫个问题。

第一，×××××××⑬。

第二，×××××××⑬。

第三，×××××××⑬。

....

（二）××××××⑧同志讲话的主要精神

××××××⑧同志强调，根据××××××⑧同志提出的××××××⑤工作总的思路和主要任务，××××××⑤工作总的布局就是××××××⑭。

××××××⑧同志部署了要重点抓的×××⑫项工作。

一是××××××⑮。

二是××××××⑮。

三是××××××⑮。

....

二、××××⑥年××××××⑤**工作基本情况**

××××⑥年，××××××⑯在××××××①的正确领导下，圆满完成了各项工作任务。主要有以下×××⑫方面工作：

一是××××××⑰。

二是××××××⑰。

三是××××××⑰。

....

三、××××⑥年××××××⑤**工作安排意见**

××××⑥年××××××⑤工作总体思路是：××××××⑱。

一是××××××⑲。

二是××××××⑲。

三是××××××⑲。

···········

四、关于××××××⑤会议的初步安排

拟于××②月××②日召开××××××⑤会议，传达××××××④会议精神，总结××××⑥年××××××⑤工作情况，部署××××⑥年工作任务。会议有×××⑫项议程，一是××××××⑳；二是××××××⑳；三是××××××⑳。参会人员为××××××㉑、××××××㉑、××××××㉑。

【注释】

①×××××× 党委，如省委、市委、区委、县委等。

②具体日期。

③汇报单位、部门。

④上级会议。

⑤×××××× 工作。

⑥年份。

⑦具体地点。

⑧×××××× 领导同志的职务、姓名。

⑨中央、省委、市委、区委、县委，或者各级人民政府等。

⑩分析当前形势，概括写出几句话。

⑪×××××× 工作的总体思路。

⑫具体数字。

⑬从讲话中提炼，挑主要的内容写，挑纲目性的内容写。

⑭具体内容，不可删减，要一字不落地写出来。

⑮把讲话中的每一项重点工作列出来，列出纲目即可。

⑯×××××× 系统、×××××× 战线。

⑰取得的主要成绩，一一列出。

⑱工作总体思路，用五六行文字写出一小段内容即可。

⑲具体做好哪几方面的工作，要一一列出。

⑳议程具体内容，如 ×××××× 领导传达 ×××××× 精神、×××××× 领导做工作报告、×××××× 领导讲话等。

㉑具体参会人员，分类别列出。

【写作规范】

1. 什么是汇报？

答：汇报是向上级机关报告工作、反映情况、提出意见或者建议、答复上级机关的询问时使用的文体。

2. 汇报有哪几种？

答：汇报一般分为综合汇报、专题汇报、呈报式汇报、例行工作汇报等。

3. 汇报的框架是怎样的？

答：汇报由标题和正文两部分组成。标题按正常规则拟制。正文一般由概述、成绩和不足、经验和教训、设想和打算等内容组成。

关于《×××××××①》的说明

×××××××②：

为贯彻落实×××××××③精神，按照×××××××④要求，×××××××⑤起草了《×××××××①》。下面，从《×××××××①》的起草过程与依据、总体框架与重点内容两个方面，向×××××××②做汇报说明。

一、关于《×××××××①》的起草过程与依据

×××××××⑤成立了文件起草组。起草过程中，重点学习研究了以下几个方面：一是×××××××⑥；二是×××××××⑥；三是×××××××⑥。在起草过程中，我们×××××××⑦。

《×××××××①》初稿形成后，我们先后书面征求了×××××××⑧、×××××××⑧、×××××××⑧等×××⑨家单位意见，并根据反馈意见进行反复修改。

二、关于《×××××××①》的总体框架与重点内容

1. 总体框架《×××××××①》分×××⑨部分，共×××⑨条。第一部分主要阐述×××××××⑩。第二部分主要阐述×××××××⑩。第三部分主要阐述×××××××⑩。……

2. 总体目标是×××××××⑪。

3. 重点内容

×××××××⑫。

××××××⑫。

××××××⑫。

…………

以上是我们起草的《××××××①》的简要说明，请××××××②予以审议。会后，我们将按照××××××②的意见，对《××××××①》进行进一步修改完善。

××××××⑬

××××⑭

【注释】

①××××××文件，如意见、办法、条例、纲要等。

②××××××党委、政府或者××××××单位、部门。

③××××××会议。

④×××领导。

⑤××××××部门或单位。

⑥学习的东西和借鉴的东西。

⑦起草的总体思想和基本思路。

⑧多家单位、部门的具体名称。

⑨具体数字。

⑩用一句话概括写出要点。

⑪总体目标可从文件里复制过来。

⑫重点内容可从文件里提炼出来。

⑬汇报单位。

⑭汇报日期。

【写作规范】

1．说明都有哪些特点？

答：说明一般具有简明性、条理性、解释性的特点。

2．说明一般怎么署名？

答：如果是在起草部门内部征求意见，可署名为××××××文件起草组；如果是起草部门对外征求意见，应署名起草部门，即征求意见单位。

3．说明的框架是怎样的？

答：说明由标题、正文、结尾三部分组成。标题按正常规则拟制；正文一般由文件起草的必要性、起草过程、起草依据、主要内容说明等组成；结尾可请求提出意见或提请会议审议讨论。

关于提请废止《×××××××①》议案的说明

×××××××②：

受×××××××③人大常委会主任会议的委托，现就废止《×××××××①》（以下简称《××××××④》）做如下说明：

按照×××××××⑤计划安排，常委会将审议废止《×××××××④》议案。为做好该法规废止工作，×××××××⑥。××⑦月××⑦日，主任会议对废止《××××××④》做了讨论，决定由主任会议提出废止议案，提请本次常委会审议。

《××××××④》自××××⑦年××⑦月××⑦日施行以来，×××××××⑧。但是《×××××××④》×××××××⑨，废止《××××××④》是必要的。

特此说明，请予审议。

×××××××⑩

××××⑪

【注释】

① ×××××× 法律法规名称。

② 主任、各位副主任、各位委员等。

③ 全国或者 ×××××× 地区，如省、市、区、县等。

④ ×××××× 法律法规简称。

⑤ 某一年的立法计划安排等。

⑥ 做了哪些工作，如召开座谈会、征求意见等。

⑦ 具体日期。

⑧ 起到或者发挥了什么作用。

⑨ 存在哪些问题，如不适应当今形势发展，与某些法律法规相矛盾或者有局限性等。

⑩ 汇报单位。

⑪ 汇报日期。

【写作规范】

1. 什么是说明？

答：说明即文件起草说明，是规范性文件的起草机构为便于有关部门或人员对草案提出意见或建议、便于审查机构对草案进行审查而拟制的公文。

2. 说明有哪几种？

答：一般有起草或者废止 ×××××× 文件的说明。

×××^①思想汇报

敬爱的党组织：

作为一名入党积极分子，我始终严格要求自己，坚持学习党的最新理论，使自己在思想上不断走向成熟。××××××^②。下面，我结合近期学习、工作情况，向党组织汇报一下思想情况。

一、××××××^③。

二、××××××^③。

三、××××××^③。

在今后的工作和学习中，我将不断加强理论知识的学习，用科学的思想武装自己，对工作认真负责，发挥先锋模范带头作用，努力向先进党员看齐，自觉做到在政治上、思想上、行动上与党中央保持高度一致。

××××××^④

××××^⑤

【注释】

① ×××同志姓名，即×××入党积极分子。

② 概括通过学习取得的进步，如通过一系列的理论知识学习，我的政治、思想水平都有了很大的提高，也增强了自身的党性修养，等等。

③ 可以写对某些事物的认识、思想变化情况，旗帜鲜明地表明立场。

④ 汇报人。

⑤ 汇报日期。

【写作规范】

1. 汇报的主体内容该怎么写？

答：汇报的主体内容是成绩和不足。要肯定成绩，找出不足。成绩有哪些、有多大、表现在哪些方面、是怎样取得的。不足有多少、表现在哪些方面、是什么性质、是怎样产生的，都应讲清楚。

2. 汇报有哪些特点？

答：汇报具有先主后次、语言简洁、真实准确的特点。

3. 汇报和报告有什么区别？

答：汇报不是法定公文文种，不具有法定公文的权威和效力；报告是十五种法定公文之一，可以直接行文。

××××××①地区概况

一、自然情况。××××××①位于××××××②，东经×××③度×××③分至×××③度×××③分、北纬×××③度×××③分至×××③度×××③分之间，东濒×××④，西临×××④，南与×××④相接，北依×××④。陆地总面积×××③平方千米，其中市区面积×××③平方千米，海洋面积×××③平方千米，海岸线长×××③千米。总人口×××③万，其中户籍人口×××③万。气候属于××××××⑤，年平均气温×××③℃左右。

二、历史沿革。××××××①始建于××××⑥年，新中国成立以来，特别是改革开放以来，取得了巨大的发展。××××⑥年，××××××⑦。××××⑥年，××××××⑦。××××⑥年，××××××⑦。

三、行政区划。××××××①现辖×××③个区、×××③个县级市、×××③个县和×××③个开放先导区。×××③个区，即××××××⑧、××××××⑧、××××××⑧等；×××③个县级市，即××××××⑧、××××××⑧和××××××⑧；×××③个县，即××××××⑧、××××××⑧等；×××③个开放先导区，即××××××⑧、

××××××⑧、××××××⑧等。

四、经济社会发展情况。近年来，××××××①经济实现平稳较快发展，社会保持和谐稳定，生态环境持续改善，获得了××××××⑨、××××××⑨等荣誉。×××⑥年，全××××××①实现地区生产总值×××③亿元，增长×××③%；公共财政收入×××③亿元，增长×××③%；固定资产投资×××③亿元，增长×××③%；社会消费品零售总额×××③亿元，增长×××③%；在保障和改善民生方面投入×××③亿元，占公共财政支出的×××③%；城镇新增实名制就业×××③万人，城镇登记失业率×××③%；城市居民人均可支配收入×××③元，增长×××③%；农村居民人均纯收入×××③元，增长×××③%。全××××××①形成了政通人和的良好局面。

【注释】

①地区名称，××××××省、市、区、县。

②地理位置。

③数值。

④海洋或陆地等。

⑤××××××气候，如温带季风气候、亚热带季风气候等。

⑥年份。

⑦发生的××××××大事，列举具有重要意义的大事。

⑧具体名称。

⑨具体荣誉名称。

【写作规范】

1. 概况有哪几种？

答：一般分为地区概况、单位概况等。

2. 概况的框架是怎样的？

答：概况由标题和正文两部分组成。标题按正常规则拟制，正文采用并列方式把各个要素一条条概括出来。

×××××××^①单位概况

一、机构设置情况

×××××××^①成立于××××^②年××^②月××^②日。××××××^③。

1. 直属部门设×××^④个：×××××××^①设×××××××^⑤、××××××^⑤、××××××^⑤等共计×××^④个。

2. 直属事业单位×××^④个：分别是××××××^⑤、××××××^⑤、××××××^⑤等。

3. 直属企业×××^④个：分别是××××××^⑤、××××××^⑤、××××××^⑤等。

二、人员配备情况

截至××××^⑥年年底，×××××××^①共有职工×××^④人。其中××××××^⑦。

三、领导班子和干部队伍情况

×××××××^①现有×××××××^⑧级以上领导干部×××^④人，其中××××××^⑧级领导干部×××^④人，××××××^⑧级领导干部×××^④人。

【注释】

①单位名称，×××××× 局、×××××× 委、×××××× 部、×××××× 办等。

②具体日期。

③简述发展历程。

④具体数量。

⑤具体名称。

⑥年份。

⑦再具体细分一下，其中 ×××××× 多少人、×××××× 多少人。

⑧级别，如局级、处级、科级等。

【写作规范】

1．概况有哪些特点？

答：概况具有系统全面、简明概括、通俗易懂的特点。

2．数字在概况中的作用是什么？

答：数字能够真实地反映出一个地区、一个单位的具体情况，所以概况中的数字必须全面、准确。

附

录

附录一　党政机关公文处理工作条例

（中办发〔2012〕14 号，2012 年 7 月 1 日起正式实施）

第一章　总　　则

第一条　为了适应中国共产党机关和国家行政机关（以下简称党政机关）工作需要，推进党政机关公文处理工作科学化、制度化、规范化，制定本条例。

第二条　本条例适用于各级党政机关公文处理工作。

第三条　党政机关公文是党政机关实施领导、履行职能、处理公务的具有特定效力和规范体式的文书，是传达贯彻党和国家的方针政策，公布法规和规章，指导、布置和商洽工作，请示和答复问题，报告、通报和交流情况等的重要工具。

第四条　公文处理工作是指公文拟制、办理、管理等一系列相互关联、衔接有序的工作。

第五条　公文处理工作应当坚持实事求是、准确规范、精简高效、安全保密的原则。

第六条　各级党政机关应当高度重视公文处理工作，加强组织领导，强化队伍建设，设立文秘部门或者由专人负责公文处理工作。

第七条　各级党政机关办公厅（室）主管本机关的公文处理工作，并对下级机关的公文处理工作进行业务指导和督促检查。

第二章　公文种类

第八条　公文种类主要有：

（一）决议。适用于会议讨论通过的重大决策事项。

（二）决定。适用于对重要事项做出决策和部署、奖惩有关单位和人员、变更或者撤销下级机关不适当的决定事项。

（三）命令（令）。适用于公布行政法规和规章、宣布施行重大强制性措施、批准授予和晋升衔级、嘉奖有关单位和人员。

（四）公报。适用于公布重要决定或者重大事项。

（五）公告。适用于向国内外宣布重要事项或者法定事项。

（六）通告。适用于在一定范围内公布应当遵守或者周知的事项。

（七）意见。适用于对重要问题提出见解和处理办法。

（八）通知。适用于发布、传达要求下级机关执行和有关单位周知或者执行的事项，批转、转发公文。

（九）通报。适用于表彰先进、批评错误、传达重要精神和告知重要情况。

（十）报告。适用于向上级机关汇报工作、反映情况，回复上级机关的询问。

（十一）请示。适用于向上级机关请求指示、批准。

（十二）批复。适用于答复下级机关请示事项。

（十三）议案。适用于各级人民政府按照法律程序向同级人民代表大会或者人民代表大会常务委员会提请审议事项。

（十四）函。适用于不相隶属机关之间商洽工作、询问和答复问题、请求批准和答复审批事项。

（十五）纪要。适用于记载会议主要情况和议定事项。

第三章　公文格式

第九条　公文一般由份号、密级和保密期限、紧急程度、发文机关标志、发文字号、签发人、标题、主送机关、正文、附件说明、发文机关署名、成文日期、印章、附注、附件、抄送机关、印发机关和印发日期、页码等组成。

（一）份号。公文印制份数的顺序号。涉密公文应当标注份号。

（二）密级和保密期限。公文的秘密等级和保密的期限。涉密公文应当根据涉密程度分别标注"绝密""机密""秘密"和保密期限。

（三）紧急程度。公文送达和办理的时限要求。根据紧急程度，紧急公文应当分别标注"特急""加急"，电报应当分别标注"特提""特急""加急""平急"。

（四）发文机关标志。由发文机关全称或者规范化简称加"文件"二字组成，也可以使用发文机关全称或者规范化简称。联合行文时，发文机关标志可以并用联合发文机关名称，也可以单独用主办机关名称。

（五）发文字号。由发文机关代字、年份、发文顺序号组成。联合行文时，使用主办机关的发文字号。

（六）签发人。上行文应当标注签发人姓名。

（七）标题。由发文机关名称、事由和文种组成。

（八）主送机关。公文的主要受理机关，应当使用机关全称、规范化简称或者同类型机关统称。

（九）正文。公文的主体，用来表述公文的内容。

（十）附件说明。公文附件的顺序号和名称。

（十一）发文机关署名。署发文机关全称或者规范化简称。

（十二）成文日期。署会议通过或者发文机关负责人签发的日期。联合行文时，署最后签发机关负责人签发的日期。

（十三）印章。公文中有发文机关署名的，应当加盖发文机关印章，并与署名机关相符。有特定发文机关标志的普发性公文和电报可以不加盖印章。

（十四）附注。公文印发传达范围等需要说明的事项。

（十五）附件。公文正文的说明、补充或者参考资料。

（十六）抄送机关。除主送机关外需要执行或者知晓公文内容的其他机关，应当使用机关全称、规范化简称或者同类型机关统称。

（十七）印发机关和印发日期。公文的送印机关和送印日期。

（十八）页码。公文页数顺序号。

第十条　公文的版式按照《党政机关公文格式》国家标准执行。

第十一条 公文使用的汉字、数字、外文字符、计量单位和标点符号等，按照有关国家标准和规定执行。民族自治地方的公文，可以并用汉字和当地通用的少数民族文字。

第十二条 公文用纸幅面采用国际标准 A4 型。特殊形式的公文用纸幅面，根据实际需要确定。

第四章　行文规则

第十三条 行文应当确有必要，讲求实效，注重针对性和可操作性。

第十四条 行文关系根据隶属关系和职权范围确定。一般不得越级行文，特殊情况需要越级行文的，应当同时抄送被越过的机关。

第十五条 向上级机关行文，应当遵循以下规则：

（一）原则上主送一个上级机关，根据需要同时抄送相关上级机关和同级机关，不抄送下级机关。

（二）党委、政府的部门向上级主管部门请示、报告重大事项，应当经本级党委、政府同意或者授权；属于部门职权范围内的事项应当直接报送上级主管部门。

（三）下级机关的请示事项，如需以本机关名义向上级机关请示，应当提出倾向性意见后上报，不得原文转报上级机关。

（四）请示应当一文一事。不得在报告等非请示性公文中夹带请示事项。

（五）除上级机关负责人直接交办事项外，不得以本机关名义向上级机关负责人报送公文，不得以本机关负责人名义向上级机关报送公文。

（六）受双重领导的机关向一个上级机关行文，必要时抄送另一个上级机关。

第十六条 向下级机关行文，应当遵循以下规则：

（一）主送受理机关，根据需要抄送相关机关。重要行文应当同时抄送发文机关的直接上级机关。

（二）党委、政府的办公厅（室）根据本级党委、政府授权，可以向下级党委、政府行文，其他部门和单位不得向下级党委、政府发布指令性公文或者在公文中向下级党委、政府提出指令性要求。需经政府审批的具体事项，经政府同意后可以由政府职能部门行文，文中须注明已经政府同意。

（三）党委、政府的部门在各自职权范围内可以向下级党委、政府的相关部门行文。

（四）涉及多个部门职权范围内的事务，部门之间未协商一致的，不得向下行文；擅自行文的，上级机关应当责令其纠正或者撤销。

（五）上级机关向受双重领导的下级机关行文，必要时抄送该下级机关的另一个上级机关。

第十七条 同级党政机关、党政机关与其他同级机关必要时可以联合行文。属于党委、政府各自职权范围内的工作，不得联合行文。

党委、政府的部门依据职权可以相互行文。

部门内设机构除办公厅（室）外不得对外正式行文。

第五章　公文拟制

第十八条 公文拟制包括公文的起草、审核、签发等程序。

第十九条　公文起草应当做到：

（一）符合党的理论路线方针政策和国家法律法规，完整准确体现发文机关意图，并同现行有关公文相衔接。

（二）一切从实际出发，分析问题实事求是，所提政策措施和办法切实可行。

（三）内容简洁，主题突出，观点鲜明，结构严谨，表述准确，文字精练。

（四）文种正确，格式规范。

（五）深入调查研究，充分进行论证，广泛听取意见。

（六）公文涉及其他地区或者部门职权范围内的事项，起草单位必须征求相关地区或者部门意见，力求达成一致。

（七）机关负责人应当主持、指导重要公文起草工作。

第二十条　公文文稿签发前，应当由发文机关办公厅（室）进行审核。审核的重点是：

（一）行文理由是否充分，行文依据是否准确。

（二）内容是否符合党的理论路线方针政策和国家法律法规；是否完整准确体现发文机关意图；是否同现行有关公文相衔接；所提政策措施和办法是否切实可行。

（三）涉及有关地区或者部门职权范围内的事项是否经过充分协商并达成一致意见。

（四）文种是否正确，格式是否规范；人名、地名、时间、数字、段落顺序、引文等是否准确；文字、数字、计量单位和标点符号等用法是否规范。

（五）其他内容是否符合公文起草的有关要求。

需要发文机关审议的重要公文文稿，审议前由发文机关办公厅（室）进行初核。

第二十一条　经审核不宜发文的公文文稿，应当退回起草单位并说明理由；符合发文条件但内容需做进一步研究和修改的，由起草单位修改后重新报送。

第二十二条　公文应当经本机关负责人审批签发。重要公文和上行文由机关主要负责人签发。党委、政府的办公厅（室）根据党委、政府授权制发的公文，由受权机关主要负责人签发或者按照有关规定签发。签发人签发公文，应当签署意见、姓名和完整日期；圈阅或者签名的，视为同意。联合发文由所有联署机关的负责人会签。

第六章　公文办理

第二十三条　公文办理包括收文办理、发文办理和整理归档。

第二十四条　收文办理主要程序是：

（一）签收。对收到的公文应当逐件清点，核对无误后签字或者盖章，并注明签收时间。

（二）登记。对公文的主要信息和办理情况应当详细记载。

（三）初审。对收到的公文应当进行初审。初审的重点是：是否应当由本机关办理，是否符合行文规则，文种、格式是否符合要求，涉及其他地区或者部门职权范围内的事项是否已经协商、会签，是否符合公文起草的其他要求。经初审不符合规定的公文，应当及时退回来文单位并说明理由。

（四）承办。阅知性公文应当根据公文内容、要求和工作需要确定范围后分送。批办性公文应当提出拟办意见报本机关负责人批示或者转有关部门办理；需要两个以上部门办理的，应当明确主办部门。紧急公文应当明确办理时限。承办部门对交办的公文应当及时办理，有明确办理时限要求的应当在规定时限内办理完毕。

（五）传阅。根据领导批示和工作需要将公文及时送传阅对象阅知或者批示。办理公文传阅应当随时掌握公文去向，不得漏传、误传、延误。

（六）催办。及时了解掌握公文的办理进展情况，督促承办部门按期办结。紧急公文或者重要公文应当由专人负责催办。

（七）答复。公文的办理结果应当及时答复来文单位，并根据需要告知相关单位。

第二十五条 发文办理主要程序是：

（一）复核。已经发文机关负责人签批的公文，印发前应当对公文的审批手续、内容、文种、格式等进行复核；需做实质性修改的，应当报原签批人复审。

（二）登记。对复核后的公文，应当确定发文字号、分送范围和印制份数并详细记载。

（三）印制。公文印制必须确保质量和时效。涉密公文应当在符合保密要求的场所印制。

（四）核发。公文印制完毕，应当对公文的文字、格式和印刷质量进行检查后分发。

第二十六条 涉密公文应当通过机要交通、邮政机要通信、城市机要文件交换站或者收发件机关机要收发人员进行传递，通过密码电报或者符合国家保密规定的计算机信息系统进行传输。

第二十七条 需要归档的公文及有关材料，应当根据有关档案法律法规以及机关档案管理规定，及时收集齐全、整理归档。两个以上机关联合办理的公文，原件由主办机关归档，相关机关保存复制件。机关负责人兼任其他机关职务的，在履行所兼职务过程中形成的公文，由其兼职机关归档。

第七章 公文管理

第二十八条 各级党政机关应当建立健全本机关公文管理制度，确保管理严格规范，充分发挥公文效用。

第二十九条 党政机关公文由文秘部门或者专人统一管理。设立党委（党组）的县级以上单位应当建立机要保密室和机要阅文室，并按照有关保密规定配备工作人员和必要的安全保密设施设备。

第三十条 公文确定密级前，应当按照拟定的密级先行采取保密措施。确定密级后，应当按照所定密级严格管理。绝密级公文应当由专人管理。

公文的密级需要变更或者解除的，由原确定密级的机关或者其上级机关决定。

第三十一条 公文的印发传达范围应当按照发文机关的要求执行；需要变更的，应当经发文机关批准。

涉密公文公开发布前应当履行解密程序。公开发布的时间、形式和渠道，由发文机关确定。

经批准公开发布的公文，同发文机关正式印发的公文具有同等效力。

第三十二条 复制、汇编机密级、秘密级公文，应当符合有关规定并经本机关负责人批准。绝密级公文一般不得复制、汇编，确有工作需要的，应当经发文机关或者其上级机关批准。复制、汇编的公文视同原件管理。

复制件应当加盖复制机关戳记。翻印件应当注明翻印的机关名称、日期。汇编本的密级按照编入公文的最高密级标注。

第三十三条 公文的撤销和废止，由发文机关、上级机关或者权力机关根据职权范围和有关法律法规决定。公文被撤销的，视为自始无效；公文被废止的，视为自废止之日起失效。

第三十四条 涉密公文应当按照发文机关的要求和有关规定进行清退或者销毁。

第三十五条　不具备归档和保存价值的公文，经批准后可以销毁。销毁涉密公文必须严格按照有关规定履行审批登记手续，确保不丢失、不漏销。个人不得私自销毁、留存涉密公文。

第三十六条　机关合并时，全部公文应当随之合并管理；机关撤销时，需要归档的公文经整理后按照有关规定移交档案管理部门。

工作人员离岗离职时，所在机关应当督促其将暂存、借用的公文按照有关规定移交、清退。

第三十七条　新设立的机关应当向本级党委、政府的办公厅（室）提出发文立户申请。经审查符合条件的，列为发文单位，机关合并或者撤销时，相应进行调整。

第八章　附　　则

第三十八条　党政机关公文含电子公文。电子公文处理工作的具体办法另行制定。

第三十九条　法规、规章方面的公文，依照有关规定处理。外事方面的公文，依照外事主管部门的有关规定处理。

第四十条　其他机关和单位的公文处理工作，可以参照本条例执行。

第四十一条　本条例由中共中央办公厅、国务院办公厅负责解释。

第四十二条　本条例自 2012 年 7 月 1 日起施行。1996 年 5 月 3 日中共中央办公厅发布的《中国共产党机关公文处理条例》和 2000 年 8 月 24 日国务院发布的《国家行政机关公文处理办法》停止执行。

附录二　党政机关公文格式

（中华人民共和国国家标准 GB/T 9704—2012，2012 年 7 月 1 日起正式实施）

前　　言

本标准按照 GB/T 1.1—2009 给出的规则起草。

本标准根据中共中央办公厅、国务院办公厅印发的《党政机关公文处理工作条例》的有关规定对 GB/T 9704—1999《国家行政机关公文格式》进行修订。本标准相对 GB/T 9704—1999 主要做如下修订：

a）标准名称改为《党政机关公文格式》，标准英文名称也做相应修改；

b）适用范围扩展到各级党政机关制发的公文；

c）对标准结构进行适当调整；

d）对公文装订要求进行适当调整；

e）增加发文机关署名和页码两个公文格式要素，删除主题词格式要素，并对公文格式各要素的编排进行较大调整；

f）进一步细化特定格式公文的编排要求；

g）新增联合行文公文首页版式、信函格式首页、命令（令）格式首页版式等式样。

本标准中公文用语与《党政机关公文处理工作条例》中的用语一致。

本标准为第二次修订。

本标准由中共中央办公厅和国务院办公厅提出。

本标准由中国标准化研究院归口。

本标准起草单位：中国标准化研究院、中共中央办公厅秘书局、国务院办公厅秘书局、中国标准出版社。

本标准主要起草人：房庆、杨雯、郭道锋、孙维、马慧、张书杰、徐成华、范一乔、李玲。

本标准代替了 GB/T 9704—1999。

GB/T 9704—1999 的历次版本发布情况为：

——GB/T 9704—1988。

党政机关公文格式

1　范围

本标准规定了党政机关公文通用的纸张要求、排版和印制装订要求、公文格式各要素的编排规则，并给出了公文的式样。

本标准适用于各级党政机关制发的公文。其他机关和单位的公文可以参照执行。

使用少数民族文字印制的公文，其用纸、幅面尺寸及版面、印制等要求按照本标准执行，其余可以参照本标准并按照有关规定执行。

2　规范性引用文件

下列文件对于本标准的应用是必不可少的。凡是注日期的引用文件，仅所注日期的版本适用于本标准。凡是不注日期的引用文件，其最新版本（包括所有的修改单）适用于本标准。

GB/T 148　印刷、书写和绘图纸幅面尺寸

GB 3100　国际单位制及其应用

GB 3101　有关量、单位和符号的一般原则

GB 3102（所有部分）　量和单位

GB/T 15834　标点符号用法

GB/T 15835　出版物上数字用法

3　术语和定义

下列术语和定义适用于本标准。

3.1

字 word

标示公文中横向距离的长度单位。在本标准中，一字指一个汉字宽度的距离。

3.2

行 line

标示公文中纵向距离的长度单位。在本标准中，一行指一个汉字的高度加3号汉字高度的7/8的距离。

4　公文用纸主要技术指标

公文用纸一般使用纸张定量为 $60\ g/m^2 \sim 80\ g/m^2$ 的胶版印刷纸或复印纸。纸张白度80% ～ 90%，横向耐折度≥15次，不透明度≥85%，pH 为 7.5 ～ 9.5。

5　公文用纸幅面尺寸及版面要求

5.1　幅面尺寸

公文用纸采用 GB/T 148 中规定的 A4 型纸，其成品幅面尺寸为：210 mm×297 mm。

5.2　版面

5.2.1　页边与版心尺寸

公文用纸天头（上白边）为 37 mm±1 mm，公文用纸订口（左白边）为 28 mm±1 mm，版

心尺寸为 156 mm×225 mm。

5.2.2 字体和字号

如无特殊说明，公文格式各要素一般用 3 号仿宋体字。特定情况可以做适当调整。

5.2.3 行数和字数

一般每面排 22 行，每行排 28 个字，并撑满版心。特定情况可以做适当调整。

5.2.4 文字的颜色

如无特殊说明，公文中文字的颜色均为黑色。

6 印制装订要求

6.1 制版要求

版面干净无底灰，字迹清楚无断画，尺寸标准，版心不斜，误差不超过 1 mm。

6.2 印刷要求

双面印刷；页码套正，两面误差不超过 2 mm。黑色油墨应当达到色谱所标 BL100%，红色油墨应当达到色谱所标 Y80%、M80%。印品着墨实、均匀，字面不花、不白、无断画。

6.3 装订要求

公文应当左侧装订，不掉页，两页页码之间误差不超过 4 mm，裁切后的成品尺寸允许误差 ±2 mm，四角成 90°，无毛茬或缺损。

骑马订或平订的公文应当：

a）订位为两钉外订眼距版面上下边缘各 70 mm 处，允许误差 ±4 mm；

b）无坏钉、漏钉、重钉，钉脚平伏牢固；

c）骑马订钉锯均订在折缝线上，平订钉锯与书脊间的距离为 3 mm～5 mm。

包本装订公文的封皮（封面、书脊、封底）与书芯应吻合、包紧、包平、不脱落。

7 公文格式各要素编排规则

7.1 公文格式各要素的划分

本标准将版心内的公文格式各要素划分为版头、主体、版记三部分。公文首页红色分隔线以上的部分称为版头；公文首页红色分隔线（不含）以下、公文末页首条分隔线（不含）以上的部分称为主体；公文末页首条分隔线以下、末条分隔线以上的部分称为版记。

页码位于版心外。

7.2 版头

7.2.1 份号

如需标注份号，一般用 6 位 3 号阿拉伯数字，顶格编排在版心左上角第一行。

7.2.2　密级和保密期限

如需标注密级和保密期限，一般用 3 号黑体字，顶格编排在版心左上角第二行；保密期限中的数字用阿拉伯数字标注。

7.2.3　紧急程度

如需标注紧急程度，一般用 3 号黑体字，顶格编排在版心左上角；如需同时标注份号、密级和保密期限、紧急程度，按照份号、密级和保密期限、紧急程度的顺序自上而下分行排列。

7.2.4　发文机关标志

由发文机关全称或者规范化简称加"文件"二字组成，也可以使用发文机关全称或者规范化简称。

发文机关标志居中排布，上边缘至版心上边缘为 35 mm，推荐使用小标宋体字，颜色为红色，以醒目、美观、庄重为原则。

联合行文时，如需同时标注联署发文机关名称，一般应当将主办机关名称排列在前；如有"文件"二字，应当置于发文机关名称右侧，以联署发文机关名称为准上下居中排布。

7.2.5　发文字号

编排在发文机关标志下空二行位置，居中排布。年份、发文顺序号用阿拉伯数字标注；年份应标全称，用六角括号"〔〕"括入；发文顺序号不加"第"字，不编虚位（即 1 不编为 01），在阿拉伯数字后加"号"字。

上行文的发文字号居左空一字编排，与最后一个签发人姓名处在同一行。

7.2.6　签发人

由"签发人"三字加全角冒号和签发人姓名组成，居右空一字，编排在发文机关标志下空二行位置。"签发人"三字用 3 号仿宋体字，签发人姓名用 3 号楷体字。

如有多个签发人，签发人姓名按照发文机关的排列顺序从左到右、自上而下依次均匀编排，一般每行排两个姓名，回行时与上一行第一个签发人姓名对齐。

7.2.7　版头中的分隔线

发文字号之下 4 mm 处居中印一条与版心等宽的红色分隔线。

7.3　主体

7.3.1　标题

一般用 2 号小标宋体字，编排于红色分隔线下空二行位置，分一行或多行居中排布；回行时，要做到词意完整，排列对称，长短适宜，间距恰当，标题排列应当使用梯形或菱形。

7.3.2　主送机关

编排于标题下空一行位置，居左顶格，回行时仍顶格，最后一个机关名称后标全角冒号。如主送机关名称过多导致公文首页不能显示正文时，应当将主送机关名称移至版记，标注方法见 7.4.2。

7.3.3　正文

公文首页必须显示正文。一般用 3 号仿宋体字，编排于主送机关名称下一行，每个自然段左空二字，回行顶格。文中结构层次序数依次可以用"一、""（一）""1.""（1）"标注；一般第一层用黑体字、第二层用楷体字、第三层和第四层用仿宋体字标注。

7.3.4　附件说明

如有附件，在正文下空一行左空二字编排"附件"二字，后标全角冒号和附件名称。如有多个附件，使用阿拉伯数字标注附件顺序号（如"附件：1.××××××"）；附件名称后不加标点符号。附件名称较长需回行时，应当与上一行附件名称的首字对齐。

7.3.5　发文机关署名、成文日期和印章

7.3.5.1　加盖印章的公文

成文日期一般右空四字编排，印章用红色，不得出现空白印章。

单一机关行文时，一般在成文日期之上、以成文日期为准居中编排发文机关署名，印章端正、居中下压发文机关署名和成文日期，使发文机关署名和成文日期居印章中心偏下位置，印章顶端应当上距正文（或附件说明）一行之内。

联合行文时，一般将各发文机关署名按照发文机关顺序整齐排列在相应位置，并将印章一一对应、端正、居中下压发文机关署名，最后一个印章端正、居中下压发文机关署名和成文日期，印章之间排列整齐、互不相交或相切，每排印章两端不得超出版心，首排印章顶端应当上距正文（或附件说明）一行之内。

7.3.5.2　不加盖印章的公文

单一机关行文时，在正文（或附件说明）下空一行右空二字编排发文机关署名，在发文机关署名下一行编排成文日期，首字比发文机关署名首字右移二字，如成文日期长于发文机关署名，应当使成文日期右空二字编排，并相应增加发文机关署名右空字数。

联合行文时，应当先编排主办机关署名，其余发文机关署名依次向下编排。

7.3.5.3　加盖签发人签名章的公文

单一机关制发的公文加盖签发人签名章时，在正文（或附件说明）下空二行右空四字加盖签发人签名章，签名章左空二字标注签发人职务，以签名章为准上下居中排布。在签发人签名章下空一行右空四字编排成文日期。

联合行文时，应当先编排主办机关签发人职务、签名章，其余机关签发人职务、签名章依次向下编排，与主办机关签发人职务、签名章上下对齐；每行只编排一个机关的签发人职务、签名章；签发人职务应当标注全称。

签名章一般用红色。

7.3.5.4　成文日期中的数字

用阿拉伯数字将年、月、日标全，年份应标全称，月、日不编虚位（即1不编为01）。

7.3.5.5　特殊情况说明

当公文排版后所剩空白处不能容下印章或签发人签名章、成文日期时，可以采取调整行距、字距的措施解决。

7.3.6　附注

如有附注，居左空二字加圆括号编排在成文日期下一行。

7.3.7　附件

附件应当另面编排，并在版记之前，与公文正文一起装订。"附件"二字及附件顺序号用 3 号黑体字顶格编排在版心左上角第一行。附件标题居中编排在版心第三行。附件顺序号和附件标题应当与附件说明的表述一致。附件格式要求同正文。

如附件与正文不能一起装订，应当在附件左上角第一行顶格编排公文的发文字号并在其后标注"附件"二字及附件顺序号。

7.4　版记

7.4.1　版记中的分隔线

版记中的分隔线与版心等宽，首条分隔线和末条分隔线用粗线（推荐高度为 0.35 mm），中间的分隔线用细线（推荐高度为 0.25 mm）。首条分隔线位于版记中第一个要素之上，末条分隔线与公文最后一面的版心下边缘重合。

7.4.2　抄送机关

如有抄送机关，一般用 4 号仿宋体字，在印发机关和印发日期之上一行、左右各空一字编排。"抄送"二字后加全角冒号和抄送机关名称，回行时与冒号后的首字对齐，最后一个抄送机关名称后标句号。

如需把主送机关移至版记，除将"抄送"二字改为"主送"外，编排方法同抄送机关。既有主送机关又有抄送机关时，应当将主送机关置于抄送机关之上一行，之间不加分隔线。

7.4.3　印发机关和印发日期

印发机关和印发日期一般用 4 号仿宋体字，编排在末条分隔线之上，印发机关左空一字，印发日期右空一字，用阿拉伯数字将年、月、日标全，年份应标全称，月、日不编虚位（即 1 不编为 01），后加"印发"二字。

版记中如有其他要素，应当将其与印发机关和印发日期用一条细分隔线隔开。

7.5　页码

一般用 4 号半角宋体阿拉伯数字，编排在公文版心下边缘之下，数字左右各放一条一字线；一字线上距版心下边缘 7 mm。单页码居右空一字，双页码居左空一字。公文的版记页前有空白页的，空白页和版记页均不编排页码。公文的附件与正文一起装订时，页码应当连续编排。

8　公文中的横排表格

A4 纸型的表格横排时，页码位置与公文其他页码保持一致，单页码表头在订口一边，双页码表头在切口一边。

9　公文中计量单位、标点符号和数字的用法

公文中计量单位的用法应当符合 GB 3100、GB 3101 和 GB 3102（所有部分），标点符号的用

法应当符合 GB/T 15834，数字用法应当符合 GB/T 15835。

10　公文的特定格式

10.1　信函格式

发文机关标志使用发文机关全称或者规范化简称，居中排布，上边缘至上页边为 30 mm，推荐使用红色小标宋体字。联合行文时，使用主办机关标志。

发文机关标志下 4 mm 处印一条红色双线（上粗下细），距下页边 20 mm 处印一条红色双线（上细下粗），线长均为 170 mm，居中排布。

如需标注份号、密级和保密期限、紧急程度，应当顶格居版心左边缘编排在第一条红色双线下，按照份号、密级和保密期限、紧急程度的顺序自上而下分行排列，第一个要素与该线的距离为 3 号汉字高度的 7/8。

发文字号顶格居版心右边缘编排在第一条红色双线下，与该线的距离为 3 号汉字高度的 7/8。

标题居中编排，与其上最后一个要素相距二行。

第二条红色双线上一行如有文字，与该线的距离为 3 号汉字高度的 7/8。

首页不显示页码。

版记不加印发机关和印发日期、分隔线，位于公文最后一面版心内最下方。

10.2　命令（令）格式

发文机关标志由发文机关全称加"命令"或"令"字组成，居中排布，上边缘至版心上边缘为 20 mm，推荐使用红色小标宋体字。

发文机关标志下空二行居中编排令号，令号下空二行编排正文。

签发人职务、签名章和成文日期的编排见 7.3.5.3。

10.3　纪要格式

纪要标志由"×××××纪要"组成，居中排布，上边缘至版心上边缘为 35 mm，推荐使用红色小标宋体字。

标注出席人员名单，一般用 3 号黑体字，在正文或附件说明下空一行左空二字编排"出席"二字，后标全角冒号，冒号后用 3 号仿宋体字标注出席人单位、姓名，回行时与冒号后的首字对齐。

标注请假和列席人员名单，除依次另起一行并将"出席"二字改为"请假"或"列席"外，编排方法同出席人员名单。

纪要格式可以根据实际制定。

11　式样

A4 型公文用纸页边及版心尺寸见图 A-1；公文首页版式见图 A-2；联合行文公文首页版式 1 见图 A-3；联合行文公文首页版式 2 见图 A-4；公文末页版式 1 见图 A-5；公文末页版式 2 见图 A-6；联合行文公文末页版式 1 见图 A-7；联合行文公文末页版式 2 见图 A-8；附件说明页版式见图 A-9；带附件公文末页版式见图 A-10；信函格式首页版式见图 A-11；命令（令）格式首页版式见图 A-12。

37 mm±1 mm天头

28 mm±1 mm订口

225 mm

297 mm

7 mm

—2—

—1—

156 mm

210 mm

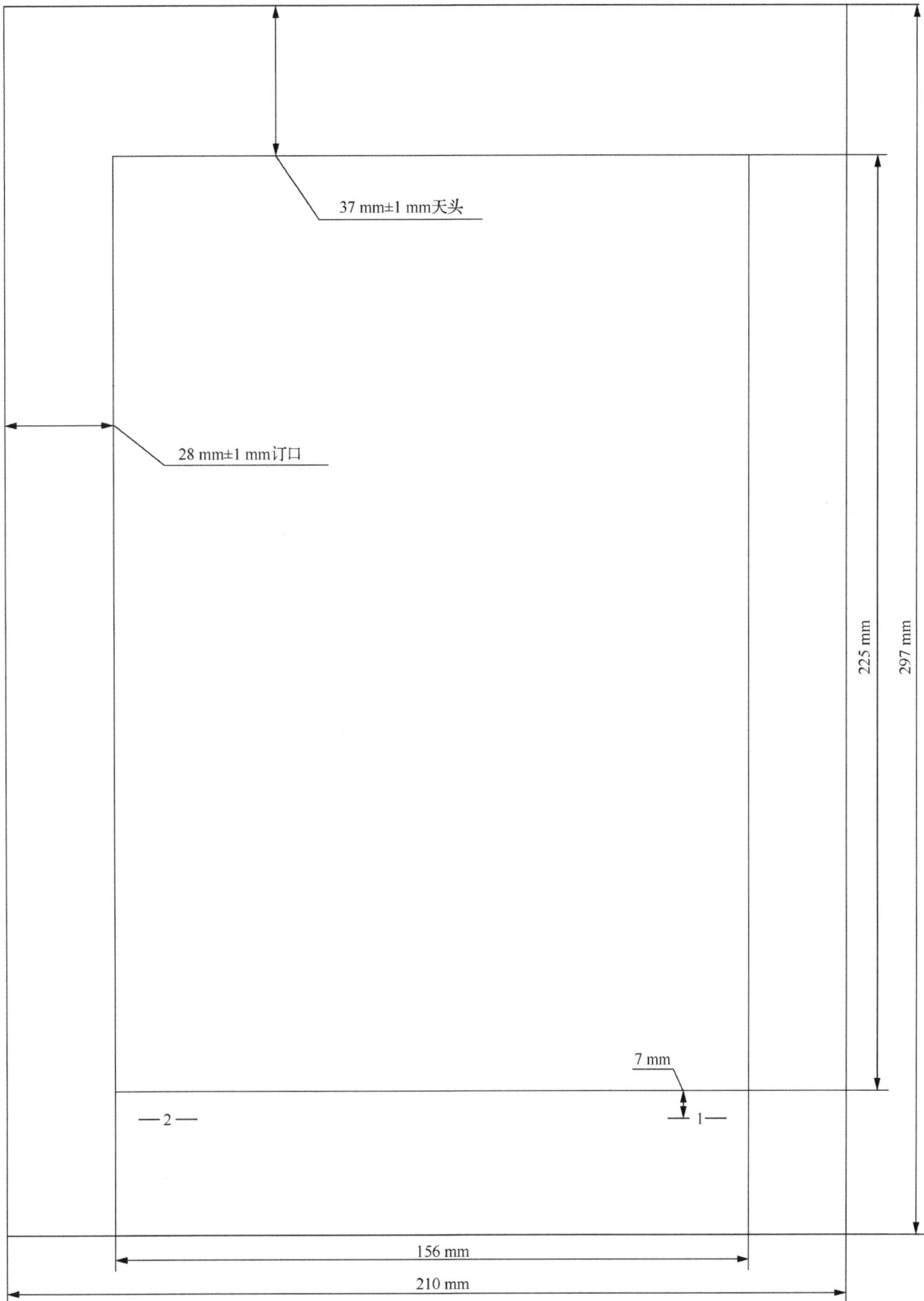

图 A-1 A4 型公文用纸页边及版心尺寸

000001

机密★1年

特急

×××××文件

×××〔2012〕10号

×××××关于××××××的通知

×××××××：

×××××××××××××××××××××××××

×××××××××××××××××××××××××××

×××××××××××××××××××××××××××

××××。

×××××××××××××××××××××××××××

×××××××××××。

×××××××××××。

×××××××。××××××××××××××××××

×××××××××××××××××××××××××××

×××××××××××××××××××××××××××

— 1 —

图 A-2　公文首页版式

000001

机密★1年

特急

××××××文件

×××〔2012〕10号

××××××关于×××××××的通知

×××××××:

　　×××××××××××××××××××××××××××。

　　×××。

　　×××××××××××××××××××××××××××

图 A-3　联合行文公文首页版式 1

000001

机　密

特　急

×　×　×　×　×　×

×　　　×　　　×

×　×　×　×　×　×

签发人：×××　×××

×××〔2012〕10号　　　　　　　　×××

××××××关于×××××××的请示

××××××××：

　　××××××××××××××××××××××××××××

××××××××××××××××××××××××××××××

××××××××××××××××××××××××××××××

××××。

　　××××××××××××××××××××××××××××

图 A-4　联合行文公文首页版式 2

×××××××××××××××××。

　×××。

2012 年 7 月 1 日

（×××××）

抄送：××××××××,××××××,×××××,×××××,
　　×××××。

×××××××× 2012 年 7 月 1 日印发

图 A–5　公文末页版式 1

　　××××××××××××××××。

　　　　××××××××××××××××××××××××

××××××××××××××××××××××××××××××

××××××××。

　　　　　　　　　　　××××××××××××

　　　　　　　　　　　2012 年 7 月 1 日

　　（×××××）

抄送：××××××××，××××××，×××××，×××××，

　　××××。

×××××××××   2012 年 7 月 1 日印发

— 2 —

图 A-6 公文末页版式 2

××××××××××××××××。

　　××。

2012 年 7 月 1 日

（×××××）

抄送：××××××××，××××××，×××××，×××××，
　　　×××××。

××××××××　　　　　　　　　　　2012 年 7 月 1 日印发

— 2 —

图 A-7　联合行文公文末页版式 1

××××××××××××××××。

　　×××××××××××××××××××××××××

×××××××××××××××××××××××××××

××××××××××。

（×××××）

2012 年 7 月 1 日

抄送：×××××××，×××××××，×××××，×××××，

　　　×××××。

×××××××××　　　　　　　　2012 年 7 月 1 日印发

— 2 —

图 A-8　联合行文公文末页版式 2

××××××××××××××××。

　××××××××××××××××××××××

×××××××××××××××××××××××××

×××××××××××。

　　附件：1. ××××××××××××××××××××

　　　　　×××××

　　　　2. ×××××××××××××

　　　　　　　　　　×××××××

　　　　　　　　　　×　×　×　×

　　　　　　　　　　2012年7月1日

（×××××）

— 2 —

图 A-9　附件说明页版式

附件2

××××××××××××

　　××。

　　××。

抄送：××××××××，××××××，×××××，×××××，
　　　×××××。

××××××××××　　　　　　2012年7月1日印发

— 4 —

图 A-10　带附件公文末页版式

中华人民共和国×××××部

000001 　　　　　　　　　　　　　　×××〔2012〕10号

机　密

特　急

×××××关于×××××××的通知

××××××××:

　　×××××××××××××××××××××××××

××××××××××××××××××××××××××××

××××××××××××××××××××××××××××

××××××××××××××××××××××××××。

　　××××××××××××××××××××××××××

××××××××××××××××××××××××××××

××××××××××××××××××××××××××××

××××××××××××××××××××××××××。

　　××××××××××××××××××××××××××

××××××××××××××××××××××××××××

××××××××××××××××××××××××××××

××××××××××××××××××××××××××××

××××××××××××××××××××××××××××

××××××××××××××××××××××××××。

图 A-11　信函格式首页版式

×××××× 令

第×××号

　　××。××。

部　长　×××

2012年7月1日

图 A-12　命令（令）格式首页版式

附录三　中华人民共和国国家通用语言文字法

（2000 年 10 月 31 日第九届全国人民代表大会常务委员会第十八次会议通过　2000 年 10 月 31 日中华人民共和国主席令第三十七号公布　自 2001 年 1 月 1 日起施行）

目　录

第一章　总　则

第一条　为推动国家通用语言文字的规范化、标准化及其健康发展，使国家通用语言文字在社会生活中更好地发挥作用，促进各民族、各地区经济文化交流，根据宪法，制定本法。

第二条　本法所称的国家通用语言文字是普通话和规范汉字。

第三条　国家推广普通话，推行规范汉字。

第四条　公民有学习和使用国家通用语言文字的权利。

国家为公民学习和使用国家通用语言文字提供条件。

地方各级人民政府及其有关部门应当采取措施，推广普通话和推行规范汉字。

第五条　国家通用语言文字的使用应当有利于维护国家主权和民族尊严，有利于国家统一和民族团结，有利于社会主义物质文明建设和精神文明建设。

第六条　国家颁布国家通用语言文字的规范和标准，管理国家通用语言文字的社会应用，支持国家通用语言文字的教学和科学研究，促进国家通用语言文字的规范、丰富和发展。

第七条　国家奖励为国家通用语言文字事业做出突出贡献的组织和个人。

第八条　各民族都有使用和发展自己的语言文字的自由。

少数民族语言文字的使用依据宪法、民族区域自治法及其他法律的有关规定。

第二章　国家通用语言文字的使用

第九条　国家机关以普通话和规范汉字为公务用语用字。法律另有规定的除外。

第十条　学校及其他教育机构以普通话和规范汉字为基本的教育教学用语用字。法律另有规定的除外。

学校及其他教育机构通过汉语文课程教授普通话和规范汉字。使用的汉语文教材，应当符合国家通用语言文字的规范和标准。

第十一条 汉语文出版物应当符合国家通用语言文字的规范和标准。

汉语文出版物中需要使用外国语言文字的，应当用国家通用语言文字做必要的注释。

第十二条 广播电台、电视台以普通话为基本的播音用语。

需要使用外国语言为播音用语的，须经国务院广播电视部门批准。

第十三条 公共服务行业以规范汉字为基本的服务用字。因公共服务需要，招牌、广告、告示、标志牌等使用外国文字并同时使用中文的，应当使用规范汉字。

提倡公共服务行业以普通话为服务用语。

第十四条 下列情形，应当以国家通用语言文字为基本的用语用字：

（一）广播、电影、电视用语用字；

（二）公共场所的设施用字；

（三）招牌、广告用字；

（四）企业事业组织名称；

（五）在境内销售的商品的包装、说明。

第十五条 信息处理和信息技术产品中使用的国家通用语言文字应当符合国家的规范和标准。

第十六条 本章有关规定中，有下列情形的，可以使用方言：

（一）国家机关的工作人员执行公务时确需使用的；

（二）经国务院广播电视部门或省级广播电视部门批准的播音用语；

（三）戏曲、影视等艺术形式中需要使用的；

（四）出版、教学、研究中确需使用的。

第十七条 本章有关规定中，有下列情形的，可以保留或使用繁体字、异体字：

（一）文物古迹；

（二）姓氏中的异体字；

（三）书法、篆刻等艺术作品；

（四）题词和招牌的手书字；

（五）出版、教学、研究中需要使用的；

（六）经国务院有关部门批准的特殊情况。

第十八条 国家通用语言文字以《汉语拼音方案》作为拼写和注音工具。

《汉语拼音方案》是中国人名、地名和中文文献罗马字母拼写法的统一规范，并用于汉字不便或不能使用的领域。

初等教育应当进行汉语拼音教学。

第十九条 凡以普通话作为工作语言的岗位，其工作人员应当具备说普通话的能力。

以普通话作为工作语言的播音员、节目主持人和影视话剧演员、教师、国家机关工作人员的普通话水平，应当分别达到国家规定的等级标准；对尚未达到国家规定的普通话等级标准的，分情况进行培训。

第二十条 对外汉语教学应当教授普通话和规范汉字。

第三章 管理和监督

第二十一条 国家通用语言文字工作由国务院语言文字工作部门负责规划指导、管理监督。

国务院有关部门管理本系统的国家通用语言文字的使用。

第二十二条 地方语言文字工作部门和其他有关部门，管理和监督本行政区域内的国家通用语言文字的使用。

第二十三条 县级以上各级人民政府工商行政管理部门依法对企业名称、商品名称以及广告的用语用字进行管理和监督。

第二十四条 国务院语言文字工作部门颁布普通话水平测试等级标准。

第二十五条 外国人名、地名等专有名词和科学技术术语译成国家通用语言文字，由国务院语言文字工作部门或者其他有关部门组织审定。

第二十六条 违反本法第二章有关规定，不按照国家通用语言文字的规范和标准使用语言文字的，公民可以提出批评和建议。

本法第十九条第二款规定的人员用语违反本法第二章有关规定的，有关单位应当对直接责任人员进行批评教育；拒不改正的，由有关单位做出处理。

城市公共场所的设施和招牌、广告用字违反本法第二章有关规定的，由有关行政管理部门责令改正；拒不改正的，予以警告，并督促其限期改正。

第二十七条 违反本法规定，干涉他人学习和使用国家通用语言文字的，由有关行政管理部门责令限期改正，并予以警告。

第四章 附 则

第二十八条 本法自 2001 年 1 月 1 日起施行。

附录四 国际单位制及其应用

（中华人民共和国国家标准 GB/T 3100—93 国家技术监督局
1993 年 12 月 27 日批准，1994 年 7 月 1 日实施）

GB 3100—93

代替 GB 3100—86

**SI units and recommendations for the use
of their multiples and of certain other units**

引言

本标准等效采用国际标准 ISO 1000：1992《SI 单位及其倍数单位和一些其他单位的应用推荐》，参照采用国际计量局《国际单位制（SI）》（1991 年第 6 版）。

本标准是目前已制定的有关量和单位的一系列国家标准之一，这一系列标准是：

GB 3100　国际单位制及其应用；

GB 3101　有关量、单位和符号的一般原则；

GB 3102.1　空间和时间的量和单位；

GB 3102.2　周期及其有关现象的量和单位；

GB 3102.3　力学的量和单位；

GB 3102.4　热学的量和单位；

GB 3102.5　电学和磁学的量和单位；

GB 3102.6　光及有关电磁辐射的量和单位；

GB 3102.7　声学的量和单位；

GB 3102.8　物理化学和分子物理学的量和单位；

GB 3102.9　原子物理学和核物理学的量和单位；

GB 3102.10　核反应和电离辐射的量和单位；

GB 3102.11　物理科学和技术中使用的数学符号；

GB 3102.12　特征数；

GB 3102.13　固体物理学的量和单位。

国际单位制是我国法定计量单位的基础，一切属于国际单位制的单位都是我国的法定计量单位。

除特别说明的以外，本标准给出的计量单位均为我国法定计量单位。

1　主题内容与适用范围

本标准列出了国际单位制（SI）的构成体系，规定了可以与国际单位制并用的单位以及计量单位的使用规则。

本标准适用于国民经济、科学技术、文化教育等一切领域中使用计量单位的场合。

2 国际单位制的构成

2.1 国际单位制（Le système International d'Unités）及其国际简称 SI 是在 1960 年第 11 届国际计量大会上通过的。

2.2 国际单位制的构成

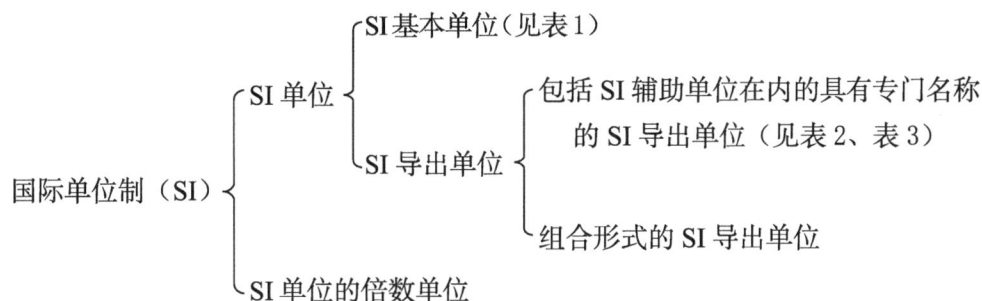

国际单位制（SI）
├ SI 单位
│   ├ SI 基本单位（见表1）
│   └ SI 导出单位
│   ├ 包括 SI 辅助单位在内的具有专门名称的 SI 导出单位（见表2、表3）
│   └ 组合形式的 SI 导出单位
└ SI 单位的倍数单位

2.3 SI 单位是国际单位制中由基本单位和导出单位构成一贯单位制的那些单位。除质量外，均不带 SI 词头（质量的 SI 单位为千克）。关于一贯单位制的详细说明见 GB 3101《有关量、单位和符号的一般原则》。

2.4 国际单位制的单位包括 SI 单位以及 SI 单位的倍数单位。

2.5 SI 单位的倍数单位包括 SI 单位的十进倍数和分数单位。

3 SI 单位

3.1 SI 基本单位

国际单位制以表 1 中的七个基本单位为基础，其定义见附录 B（参考件）。

表 1　SI 基本单位

量的名称	单位名称	单位符号
长度	米	m
质量	千克（公斤）	kg
时间	秒	s
电流	安 [培]	A
热力学温度	开 [尔文]	K
物质的量	摩 [尔]	mol
发光强度	坎 [德拉]	cd

注：

1　圆括号中的名称，是它前面的名称的同义词，下同。

2　无方括号的量的名称与单位名称均为全称。方括号中的字，在不致引起混淆、误解的情况下，可以省略。去掉方括号中的字即为其名称的简称。下同。

3　本标准所称的符号，除特殊指明外，均指我国法定计量单位中所规定的符号以及国际符号，下同。

4　人民生活和贸易中，质量习惯称为重量。

3.2 SI 导出单位

导出单位是用基本单位以代数形式表示的单位。这种单位符号中的乘和除采用数学符号。例如速度的 SI 单位为米每秒（m/s）。属于这种形式的单位称为组合单位。

　　某些 SI 导出单位具有国际计量大会通过的专门名称和符号，见表 2 和表 3。使用这些专门名称并用它们表示其他导出单位，往往更为方便、准确。如热和能量的单位通常用焦耳（J）代替牛顿米（N·m），电阻率的单位通常用欧姆米（Ω·m）代替伏特米每安培（V·m/A）。

　　SI 单位弧度和球面度称为 SI 辅助单位，它们是具有专门名称和符号的量纲一的量的导出单位。在许多实际情况中，用专门名称弧度（rad）和球面度（sr）分别代替数字 1 是方便的。例如角速度的 SI 单位可写成弧度每秒（rad/s）。

表 2　包括 SI 辅助单位在内的具有专门名称的 SI 导出单位

量的名称	SI 导出单位		
	名称	符号	用 SI 基本单位和 SI 导出单位表示
[平面]角	弧度	rad	$1 \text{ rad}=1 \text{ m/m}=1$
立体角	球面度	sr	$1 \text{ sr}=1 \text{ m}^2/\text{m}^2=1$
频率	赫[兹]	Hz	$1 \text{ Hz}=1 \text{ s}^{-1}$
力	牛[顿]	N	$1 \text{ N}=1 \text{ kg} \cdot \text{m/s}^2$
压力,压强,应力	帕[斯卡]	Pa	$1 \text{ Pa}=1 \text{ N/m}^2$
能[量]，功，热量	焦[耳]	J	$1 \text{ J}=1 \text{ N} \cdot \text{m}$
功率，辐[射能]通量	瓦[特]	W	$1 \text{ W}=1 \text{ J/s}$
电荷[量]	库[仑]	C	$1 \text{ C}=1 \text{ A} \cdot \text{s}$
电压，电动势，电位，（电势）	伏[特]	V	$1 \text{ V}=1 \text{ W/A}$
电容	法[拉]	F	$1 \text{ F}=1 \text{ C/A}$
电阻	欧[姆]	Ω	$1 \text{ Ω}=1 \text{ V/A}$
电导	西[门子]	S	$1 \text{ S}=1 \text{ Ω}^{-1}$
磁通[量]	韦[伯]	Wb	$1 \text{ Wb}=1 \text{ V} \cdot \text{s}$
磁通[量]密度，磁感应强度	特[斯拉]	T	$1 \text{ T}=1 \text{ Wb/m}^2$
电感	亨[利]	H	$1 \text{ H}=1 \text{ Wb/A}$
摄氏温度	摄氏度	℃	$1 \text{ ℃}=1 \text{ K}$
光通量	流[明]	lm	$1 \text{ lm}=1 \text{ cd} \cdot \text{sr}$
[光]照度	勒[克斯]	lx	$1 \text{ lx}=1 \text{ lm/m}^2$

表 3　由于人类健康安全防护上的需要而确定的具有专门名称的 SI 导出单位

量的名称	SI 导出单位		
	名称	符号	用 SI 基本单位和 SI 导出单位表示
[放射性]活度	贝可[勒尔]	Bq	$1 \text{ Bq}=1 \text{ s}^{-1}$
吸收剂量 比授[予]能 比释动能	戈瑞	Gy	$1 \text{ Gy}=1 \text{ J/kg}$
剂量当量	希[沃特]	Sv	$1 \text{ Sv}=1 \text{ J/kg}$

　　用 SI 基本单位和具有专门名称的 SI 导出单位或（和）SI 辅助单位以代数形式表示的单位称为组合形式的 SI 导出单位。

3.3　SI 单位的倍数单位

表 4 给出了 SI 词头的名称、简称及符号（词头的简称为词头的中文符号）。词头用于构成倍数单位（十进倍数单位与分数单位），但不得单独使用。

词头符号与所紧接的单位符号[①]应作为一个整体对待，它们共同组成一个新单位（十进倍数或分数单位），并具有相同的幂次，而且还可以和其他单位构成组合单位。

例 1：$1\,cm^3=(10^{-2}\,m)^3=10^{-6}\,m^3$

例 2：$1\,\mu s^{-1}=(10^{-6}\,s)^{-1}=10^6\,s^{-1}$

例 3：$1\,mm^2/s=(10^{-3}\,m)^2/s=10^{-6}\,m^2/s$

例 4：10^{-3} tex 可写为 mtex

不得使用重叠词头，如只能写 nm，而不能写 mμm。

注：由于历史原因，质量的 SI 单位名称"千克"中，已包含 SI 词头"千"，所以质量的倍数单位由词头加在"克"前构成。如用毫克（mg）而不得用微千克（μkg）。

表 4　SI 词头

因数	词头名称		符号
	英文	中文	
10^{24}	yotta	尧［它］	Y
10^{21}	zetta	泽［它］	Z
10^{18}	exa	艾［可萨］	E
10^{15}	peta	拍［它］	P
10^{12}	tera	太［拉］	T
10^{9}	giga	吉［咖］	G
10^{6}	mega	兆	M
10^{3}	kilo	千	k
10^{2}	hecto	百	h
10^{1}	deca	十	da
10^{-1}	deci	分	d
10^{-2}	centi	厘	c
10^{-3}	milli	毫	m
10^{-6}	micro	微	μ
10^{-9}	nano	纳［诺］	n
10^{-12}	pico	皮［可］	p
10^{-15}	femto	飞［母托］	f
10^{-18}	atto	阿［托］	a
10^{-21}	zepto	仄［普托］	z
10^{-24}	yocto	幺［科托］	y

---

① 这里的单位符号一词仅指 SI 基本单位和 SI 导出单位，而不是组合单位整体。

4 SI 单位及其倍数单位的应用

4.1 SI 单位的倍数单位根据使用方便的原则选取。通过适当的选择，可使数值处于实用范围内。

4.2 倍数单位的选取，一般应使量的数值处于 0.1~1 0000 之间。

例 1：$1.2 \times 10^4 \mathrm{N}$ 可写成 12 kN

例 2：0.003 94 m 可写成 3.94 mm

例 3：1 401 Pa 可写成 1.401 kPa

例 4：$3.1 \times 10^{-8} \mathrm{s}$ 可写成 31 ns

在某些情况下，习惯使用的单位可以不受上述限制。

如大部分机械制图使用的单位用毫米，导线截面积单位用平方毫米，领土面积用平方千米。

在同一量的数值表中，或叙述同一量的文章里，为对照方便，使用相同的单位时，数值范围不受限制。

词头 h（百）、da（十）、d（分）、c（厘）一般用于某些长度、面积和体积单位。

4.3 组合单位的倍数单位一般只用一个词头，并尽量用于组合单位中的第一个单位。

通过相乘构成的组合单位的词头通常加在第一个单位之前。

例如：力矩的单位 kN·m，不宜写成 N·km。

通过相除构成的组合单位，或通过乘和除构成的组合单位，其词头一般都应加在分子的第一个单位之前，分母中一般不用词头，但质量单位 kg 在分母中时例外。

例 1：摩尔热力学能的单位 kJ/mol，不宜写成 J/mmol。

例 2：质量能单位可以是 kJ/kg。

当组合单位分母是长度、面积和体积单位时，分母中可以选用某些词头构成倍数单位。

例如：体积质量的单位可以选用 $\mathrm{g/cm^3}$。

一般不在组合单位的分子分母中同时采用词头。

4.4 在计算中，为了方便，建议所有量均用 SI 单位表示，将词头用 10 的幂代替。

4.5 有些国际单位制以外的单位，可以按习惯用 SI 词头构成倍数单位，如 MeV，mCi，mL 等，但它们不属于国际单位制。见附录 A（补充件）第 6 栏。

摄氏温度单位摄氏度，角度单位度、分、秒与时间单位日、时、分等不得用 SI 词头构成倍数单位。

5 单位名称

5.1 表 1 至表 3 规定了单位的名称及其简称。它们用于口述，也可用于叙述性文字中。

5.2 组合单位的名称与其符号表示的顺序一致，符号中的乘号没有对应的名称，除号的对应名称为"每"字，无论分母中有几个单位，"每"字只出现一次。

例如：质量热容的单位符号为 J/（kg·K），其名称为"焦耳每千克开尔文"，而不是"每千克开尔文焦耳"或"焦耳每千克每开尔文"。

5.3 乘方形式的单位名称，其顺序应为指数名称在前，单位名称在后，指数名称由相应的数字加"次方"二字构成。

例如：截面二次矩的单位符号为 $\mathrm{m^4}$，其名称为"四次方米"。

5.4 当长度的二次和三次幂分别表示面积和体积时，则相应的指数名称分别为"平方"和"立方"，其他情况均应分别为"二次方"和"三次方"。

例如：体积的单位符号为 m^3，其名称为"立方米"，而截面系数的单位符号虽同是 m^3，但其名称为"三次方米"。

5.5　书写组合单位的名称时，不加乘或（和）除的符号或（和）其他符号。

例如：电阻率单位符号为 $\Omega \cdot m$，其名称为"欧姆米"，而不是"欧姆·米""欧姆－米""[欧姆][米]"等。

6　单位符号

6.1　单位符号和单位的中文符号的使用规则

6.1.1　单位和词头的符号用于公式、数据表、曲线图、刻度盘和产品铭牌等需要明了的地方，也用于叙述性文字中。

6.1.2　本标准各表中所给出的单位名称的简称可用作该单位的中文符号（简称"中文符号"）。中文符号只在小学、初中教科书和普通书刊中在有必要时使用。

6.1.3　单位符号没有复数形式，符号上不得附加任何其他标记或符号（参阅 GB 3101 的 3.2.1）。

6.1.4　摄氏度的符号℃可以作为中文符号使用。

6.1.5　不应在组合单位中同时使用单位符号和中文符号；例如：速度单位不得写作 km/ 小时。

6.2　单位符号和中文符号的书写规则

6.2.1　单位符号一律用正体字母，除来源于人名的单位符号第一字母要大写外，其余均为小写字母（升的符号 L 例外）。

例：米（m）；　　　　　秒（s）；　　　　　坎[德拉]（cd）；

　　安[培]（A）；　　　帕[斯卡]（Pa）；　　韦[伯]（Wb）等。

6.2.2　当组合单位是由两个或两个以上的单位相乘而构成时，其组合单位的写法可采用下列形式之一：

N·m；N m

注：第二种形式，也可以在单位符号之间不留空隙。但应注意，当单位符号同时又是词头符号时，应尽量将它置于右侧，以免引起混淆。如 mN 表示毫牛顿而非指米牛顿。

当用单位相除的方法构成组合单位时，其符号可采用下列形式之一：

m/s；m·s^{-1}；$\dfrac{m}{s}$

除加括号避免混淆外，单位符号中的斜线（/）不得超过一条。在复杂的情况下，也可以使用负指数。

6.2.3　由两个或两个以上单位相乘所构成的组合单位，其中文符号形式为两个单位符号之间加居中圆点，例如：牛·米。

单位相除构成的组合单位，其中文符号可采用下列形式之一：

米/秒；米·秒$^{-1}$；$\dfrac{米}{秒}$

6.2.4　单位符号应写在全部数值之后，并与数值间留适当的空隙。

6.2.5　SI 词头符号一律用正体字母，SI 词头符号与单位符号之间，不得留空隙。

6.2.6　单位名称和单位符号都必须作为一个整体使用，不得拆开。如摄氏度的单位符号为℃。20 摄氏度不得写成或读成摄氏 20 度或 20 度，也不得写成 20℃，只能写成 20℃。

7 可与国际单位制单位并用的我国法定计量单位

7.1 由于实用上的广泛性和重要性，可与国际单位制单位并用的我国法定计量单位列于表 5 中。

表 5 可与国际单位制单位并用的我国法定计量单位

量的名称	单位名称	单位符号	与 SI 单位的关系
时间	分	min	1 min=60 s
	[小]时	h	1 h=60 min=3 600 s
	日，（天）	d	1 d=24 h=86 400 s
[平面]角	度	°	$1° =（π/180）$ rad
	[角]分	′	$1′=（1/60）° =（π/10 800）$ rad
	[角]秒	″	$1″=（1/60）′ =（π/648 000）$ rad
体积	升	L，（1）	$1 L=1 dm^3=10^{-3} m^3$
质量	吨	t	$1 t=10^3 kg$
	原子质量单位	u	$1 u≈1.660 540×10^{-27} kg$
旋转速度	转每分	r/min	$1 r/min=（1/60）s^{-1}$
长度	海里	n mile	1 n mile=1 852m（只用于航行）
速度	节	kn	1 kn=1 n mile/h=（1 852/3 600）m/s（只用于航行）
能	电子伏	eV	$1 eV≈1.602 177×10^{-19} J$
级差	分贝	dB	
线密度	特[克斯]	tex	$1 tex=10^{-6} kg/m$
面积	公顷	hm²	$1 hm^2=10^4 m^2$

注：

1 平面角单位度、分、秒的符号，在组合单位中应采用（° ）、（′ ）、（″ ）的形式。

　例如，不用 °/s 而用（° ）/s。

2 升的符号中，小写字母 1 为备用符号。

3 公顷的国际通用符号为 ha。

7.2 根据习惯，在某些情况下，表 5 中的单位可以与国际单位制的单位构成组合单位。例如，kg/h，km/h。见附录 A（补充件）第 5 与第 6 栏。

7.3 根据《全面推行我国法定计量单位的意见》中"个别科学技术领域中，如有特殊需要，可使用某些非法定计量单位，但也必须与有关国际组织规定的名称、符号相一致"的原则，ISO 1000 及 ISO 31 所提出的暂时可使用的其他单位列于 GB 3102 和本标准附录 A（补充件）。

附　录

附　录　A
SI 单位的十进倍数与分数单位及
可并用的某些其他单位示例
（补充件）

　　本附录给出了常用的大多数量的 SI 单位的十进倍数与分数单位以及可以使用的某些其他单位的示例。它只给以选择而并非限制，在各个技术领域中，以同样的方式表示量值当然是有益的。对于某些需要（例如，在科学和教育中的应用），选择 SI 单位的十进倍数与分数单位，比在下列表中的示例有更大的灵活性。

在 GB 3102.1～3102.13 中的项号	量	SI 单位	SI 单位的倍数单位的选择	由于实用中的重要性或由于专门领域的需要得到 CIPM 承认的 SI 以外的单位		备注和有关用于专门领域的单位的介绍
				单位	（5）栏的倍数单位	
(1)	(2)	(3)	(4)	(5)	(6)	(7)
第Ⅰ部分：GB 3102.1《空间和时间的量和单位》						
1-1	[平面]角 angle, plane angle	rad 弧度 (radian)	mrad μrad	°（度），$1°=\frac{\pi}{180}$=rad　′（分），$1'=(1/60)°$　″（秒），$1''=(1/60)'$		当弧度不适用时，推荐使用冈（gon=grade）及其分数单位。gon（冈），$1\,gon=\frac{\pi}{200}$ rad 在 SI 单位栏中，括号内为单位的英文名称，下同
1-2	立体角 solid angle	sr 球面度 (steradian)				
1-3.1	长度 length	m 米（metre）	km cm mm μm nm pm fm			1[国际]海里＝1 852m（准确值）

· 221 ·

续表

在 GB 3102.1～3102.13 中的项号	量	SI 单位	SI 单位的倍数单位的选择	由于实用中的重要性或由于专门领域的需要得到 CIPM 承认的 SI 以外的单位		备注和有关用于专门领域的单位的介绍
				单位	（5）栏的倍数单位	
（1）	（2）	（3）	（4）	（5）	（6）	（7）
1-5	面积 area	m^2	km^2 dm^2 cm^2 mm^2			hm^2（公顷），$1 hm^2=10^4 m^2$ 公顷的国际符号为 ha
1-6	体积 volume	m^3 dm^3 cm^3 mm^3		L，（l）（升），$1 L=10^{-3} m^3=1 dm^3$	hL，$1 hL=10^{-1} m^3$ cL，$1 cL=10^{-5} m^3$ mL，$1 mL=10^{-6} m^3$ $=1 cm^3$	1964 年国际计量大会宣布升（L）可以作为立方分米（dm^3）的专门名称，并建议在高精度时不要使用升
1-7	时间 time	s 秒（second）	ks ms μs ns	d（日），$1 d=24 h$（准确值）h（小时），$1 h=60 min$（准确值）min（分），$1 min=60 s$（准确值）		其他单位，例如星期、月和年（a）是通常使用的单位
1-8	角速度 angular velocity	rad/s				

续表

在 GB 3102.1 ～ 3102.13 中的项号	量	SI 单位	SI 单位的倍数单位的选择	由于实用中的重要性或由于专门领域的需要得到 CIPM 承认的 SI 以外的单位		备注和有关用于专门领域的单位的介绍
				单位	（5）栏的倍数单位	
（1）	（2）	（3）	（4）	（5）	（6）	（7）
1-10	速度 velocity	m/s		km/h, $1\ km/h=\dfrac{1}{3.6}\ m/s$ m/h		1 kn=1.852 km/h（准确值）= 0.514 444 m/s 关于小时，参阅 1-7
1-11.1	加速度 acceleration	m/s^2				
第Ⅱ部分：GB 3102.2《周期及其有关现象的量和单位》						
2-3.1	频率 frequency	Hz 赫 [兹]（Hertz）	THz GHz MHz kHz			
2-3.2	旋转频率 rotational frequency	s^{-1}		min^{-1}		转每分（r/min）和转每秒（r/s）大量用于旋转机械[1]。关于分，参阅 1-7
2-4	角频率 angular frequency	rad/s				
1）参阅国际电工委员会出版物 27-1（1971）						
第Ⅲ部分：GB 3102.3《力学的量和单位》						
3-1	质量 mass	kg 千克（kilogram） g mg μg	Mg	t（吨）, $1\ t=10^3 kg$		

续表

在 GB 3102.1 ～ 3102.13 中的项号	量	SI 单位	SI 单位的倍数单位的选择	由于实用中的重要性或由于专门领域的需要得到 CIPM 承认的 SI 以外的单位		备注和有关用于专门领域的单位的介绍
				单位	（5）栏的倍数单位	
（1）	（2）	（3）	（4）	（5）	（6）	（7）
3-2	体积质量 volumic mass，[质量]密度 density, mass density	kg/m³	Mg/m³ 或 kg/dm³ 或 g/cm³	t/m³ 或 kg/L	g/mL g/L	关于升，参阅 1-6
3-5	线质量 lineic mass，线密度 linear density	kg/m	mg/m			1 tex=10⁻⁶kg/m 单位 tex 用于纺织工业
3-7	转动惯量，（惯性矩）moment of inertia	kg·m²				
3-8	动量 momentum	kg·m/s				
3-9.1	力 force	N 牛顿 （newton）	MN kN mN μN			
3-11	动量矩 moment of momentum，角动量 angular momentum	kg·m²/s				
3-12.1	力矩 moment of force	N·m	MN·m kN·m mN·m μN·m			

续表

在 GB 3102.1 ~ 3102.13 中的项号	量	SI 单位	SI 单位的倍数单位的选择	由于实用中的重要性或由于专门领域的需要得到 CIPM 承认的 SI 以外的单位		备注和有关用于专门领域的单位的介绍
				单位	（5）栏的倍数单位	
（1）	（2）	（3）	（4）	（5）	（6）	（7）
3-15.1	压力，压强 pressure	Pa 帕［斯卡］（pascal）	GPa MPa kPa hPa mPa μPa			bar（巴）， 1 bar=10⁵ Pa 1 mbar=1 hPa
3-15.2	正应力 normal stress	Pa	GPa MPa kPa			
3-23	［动力］粘度 viscosity, dynamic viscosity	Pa·s	mPa·s			P（泊）[1]， 1 cP=1 mPa·s
3-24	运动粘度 kinematic viscosity	m^2/s	mm^2/s			St(斯［托克斯］)[1]， 1 cSt=1 mm^2/s
3-25	表面张力 surface tension	N/m	mN/m			
① 它们属于 CGS 制单位，不应与 SI 单位并用						
3-26.1 和 3-26.2	能［量］，energy, 功 work	J 焦［耳］（joule）	EJ PJ TJ GJ MJ kJ mJ			

续表

在 GB 3102. 1～ 3102. 13 中的项号	量	SI 单位	SI 单位的倍数单位的选择	由于实用中的重要性或由于专门领域的需要得到 CIPM 承认的 SI 以外的单位		备注和有关用于专门领域的单位的介绍
				单位	（5）栏的倍数单位	
（1）	（2）	（3）	（4）	（5）	（6）	（7）
3-27	功率 power	W 瓦［特］ （watt）	GW MW kW mW μW			
第Ⅳ部分：GB 3102.4《热学的量和单位》						
4-1	热力学温度 thermodynamic temperature	K 开［尔文］ （kelvin）				
4-2	摄氏温度 Celsius temperature	℃ 摄氏度 （degree Celsius）				摄氏温度等于两热力学温度之度 $t=T-T_0$ T_0=273. 15 K
4-3. 1	线［膨］胀系数 linear expansion coefficient	K^{-1}				
4-6	热 heat, 热量 quantity of heat	J	EJ PJ TJ GJ MJ kJ mJ			
4-7	热流量 heat flow rate	W	kW			
4-9	热导率， （导热系数） thermal conductivity	W/（m・K）				

续表

在 GB 3102.1～3102.13 中的项号	量	SI 单位	SI 单位的倍数单位的选择	由于实用中的重要性或由于专门领域的需要得到 CIPM 承认的 SI 以外的单位		备注和有关用于专门领域的单位的介绍
				单位	（5）栏的倍数单位	
（1）	（2）	（3）	（4）	（5）	（6）	（7）
4-10.1	传热系数 coefficient of heat transfer	W/（m²·K）				
4-15	热容 heat capacity	J/K	kJ/K			
4-16.1	质量热容 massic heat capacity	J/（kg·K）	kJ/（kg·K）			
4-18	熵 entropy	J/K	kJ/K			
4-19	质量熵 massic entropy	J/（kg·K）	kJ/（kg·K）			
4-21.2	质量热力学能 massic thermodynamic energy	J/kg	MJ/kg kJ/kg			
第Ⅴ部分：GB 3102.5《电学和磁学的量和单位》						
5-1	电流 electric current	A 安［培］（ampere）	kA mA μA nA pA			
5-2	电荷［量］ electric charge, quantity of electricity	C 库［仑］（coulomb）	kC μC nC pc	A·h, 1A·h=3.6 kC		

续表

在 GB 3102.1～3102.13 中的项号	量	SI 单位	SI 单位的倍数单位的选择	由于实用中的重要性或由于专门领域的需要得到 CIPM 承认的 SI 以外的单位		备注和有关用于专门领域的单位的介绍
				单位	（5）栏的倍数单位	
（1）	（2）	（3）	（4）	（5）	（6）	（7）
5-3	体积电荷 volumic charge，电荷 [体] 密度 volume density of charge，charge density	C/m^3	GC/m^3 或 C/mm^3 MC/m^3 或 C/cm^3 kC/m^3 mC/m^3 $\mu C/m^3$			
5-4	面积电荷 areic charge，电荷面密度 surface density of charge	C/m^2	MC/m^2 或 C/mm^2 C/cm^2 kC/m^2 mC/m^2 $\mu C/m^2$			
5-5	电场强度 electric field strength	V/m	MV/m kV/m 或 V/mm V/cm mV/m $\mu V/m$			

续表

在 GB 3102.1 ～ 3102.13 中的项号	量	SI 单位	SI 单位的倍数单位的选择	由于实用中的重要性或由于专门领域的需要得到 CIPM 承认的 SI 以外的单位		备注和有关用于专门领域的单位的介绍
				单位	（5）栏的倍数单位	
（1）	（2）	（3）	（4）	（5）	（6）	（7）
5-6.1 5-6.2 5-6.3	电位，（电势）electric potential 电位差，（电势差），电压 potential difference, tension 电动势 electromotive force	V 伏［特］（volt）	MV kV mV μV			
5-7	电通［量］密度 electric flux density	C/m²	C/cm² kC/m² mC/m² μC/m²			
5-8	电通［量］electric flux	C	MC kC mC			
5-9	电容 capacitance	F 法［拉］（farad）	mF μF nF pF			
5-10.1	介电常数，（电容率）permittivity	F/m	μF/m nF/m pF/m			

续表

在 GB 3102.1 ～ 3102.13 中的项号	量	SI 单位	SI 单位的倍数单位的选择	由于实用中的重要性或由于专门领域的需要得到 CIPM 承认的 SI 以外的单位		备注和有关用于专门领域的单位的介绍
				单位	（5）栏的倍数单位	
（1）	（2）	（3）	（4）	（5）	（6）	（7）
5-13	电极化强度 electric polarization	C/m^2	C/cm^2 kC/m^2 mC/m^2 $\mu C/m^2$			
5-14	电偶极矩 electric dipole moment	C·m				
5-15	面积电流 areic electric current， 电流密度 electric current ensity	A/m^2	MA/m^2 或 A/mm^2 A/cm^2 kA/m^2			
5-16	线电流 lineic electric current， 电流线密度 linear electric current density	A/m	kA/m 或 A/mm A/cm			
5-17	磁场强度 magnetic field strength	A/m	kA/m 或 A/mm A/cm			
5-18.1	磁位差，（磁势差） magnetic potential difference	A	kA mA			

续表

在 GB 3102.1 ～ 3102.13 中 的项号	量	SI 单位	SI 单位的 倍数单位 的选择	由于实用中的重要性或由于专门领域的需要得到 CIPM 承认的 SI 以 外的单位		备注和有关用于 专门领域的单位 的介绍
				单位	（5）栏的倍数 单位	
（1）	（2）	（3）	（4）	（5）	（6）	（7）
5-19	磁通 [量] 密度 magnetic flux density, 磁感应强度 magnetic induction	T 特 [斯拉] （tesla）	mT µT nT			
5-20	磁通 [量] magnetic flux	Wb 韦 [伯] （weber）	mWb			
5-21	磁矢位，（磁 矢势） magnetic vector potential	Wb/m	kWb/m 或 Wb/mm			
5-22.1	自感 self inductance	H 亨 [利] （henry）				
5-22.2	互感 mutual inductance		mH µH nH pH			
5-24.1	磁导率 permeability	H/m	µH/m nH/m			
5-27	[面] 磁矩 magnetic moment, electromagnetic moment	A $\cdot$ m^2				
5-28	磁化强度 magnetization	A/m	kA/m 或 A/mm			

续表

在 GB 3102.1～3102.13 中的项号	量	SI 单位	SI 单位的倍数单位的选择	由于实用中的重要性或由于专门领域的需要得到 CIPM 承认的 SI 以外的单位		备注和有关用于专门领域的单位的介绍
				单位	（5）栏的倍数单位	
（1）	（2）	（3）	（4）	（5）	（6）	（7）
5-29	磁极化强度 magnetic polarization	T	mT			
（IEC 出版物 27-1：1971，第 86 条）	磁偶极矩 mgnetic dipole moment	N·m²/A 或 Wb·m				
5-33	[直流]电阻 resistance（to direct current）	Ω 欧[姆]（ohm）	GΩ MΩ kΩ mΩ μΩ			
5-34	[直流]电导 conductance（to direct current）	S 西[门子]（siemens）	kS mS μS			
5-36	电阻率 resistivisy	Ω·m	GΩ·m MΩ·m kΩ·m Ω·cm mΩ·m μΩ·m nΩ·m			也可以使用 $\dfrac{\Omega \cdot mm^2}{m}$（= $10^{-6}\Omega \cdot m$= $\mu\Omega \cdot m$）
5-37	电导率 conductivity	S/m	MS/m kS/m			
5-38	磁阻 reluctance	H⁻¹				
5-39	磁导 permeance	H				

续表

在 GB 3102.1～3102.13 中的项号	量	SI 单位	SI 单位的倍数单位的选择	由于实用中的重要性或由于专门领域的需要得到 CIPM 承认的 SI 以外的单位		备注和有关用于专门领域的单位的介绍
				单位	（5）栏的倍数单位	
（1）	（2）	（3）	（4）	（5）	（6）	（7）
5-44.1	阻抗，（复［数］阻抗）impedance,（complex impedance）	Ω	MΩ kΩ mΩ			
5-44.2	阻抗模，（阻抗）modulus of impedance,（impedance）					
5-44.3	［交流］电阻 resistance（to alternating current）					
5-44.4	电抗 reactance					
5-45.1	导数，（复［数］导纳）admittance,（complex admittance）	S	kS mS μS			
5-45.2	导纳模，（导纳）modulus of admittance,（admittance）					
5-45.3	［交流］电导 conductance（for alternating current）					
5-45.4	电纳 susceptance					

续表

在 GB 3102.1 ～ 3102.13 中的项号	量	SI 单位	SI 单位的倍数单位的选择	由于实用中的重要性或由于专门领域的需要得到 CIPM 承认的 SI 以外的单位		备注和有关用于专门领域的单位的介绍
				单位	（5）栏的倍数单位	
（1）	（2）	（3）	（4）	（5）	（6）	（7）
5-49.1	[有功]功率 active power	W	TW GW MW kW mW μW nW			在电力技术中，有功功率用瓦特（W）表示，视在功率（apparent power）用伏[特]安[培]（V·A）表示，无功功率（reactive power）用乏（var）表示
5-51	[有功]能[量] active energy	J	TJ GJ MJ kJ	W·h 1W·h=3.6kJ（准确值）	TW·h GW·h MW·h kW·h	关于小时，参阅 1-7
第Ⅵ部分：GB 3102.6《光及有关电磁辐射的量和单位》						
6-3	波长 wavelength	m	μm nm pm			
6-7	辐[射]能 radiant energy	J				

续表

在 GB 3102.1～3102.13 中的项号	量	SI 单位	SI 单位的倍数单位的选择	由于实用中的重要性或由于专门领域的需要得到 CIPM 承认的 SI 以外的单位		备注和有关用于专门领域的单位的介绍
				单位	（5）栏的倍数单位	
（1）	（2）	（3）	（4）	（5）	（6）	（7）
6-10	辐［射］功率 radiant power， 辐［射能］通量 radiant energy flux	W				
6-13	辐［射］强度 radiant intensity	W/sr				
6-14	辐［射］亮度， 辐射度 radiance	W/（sr · m²）				
6-15	辐［射］出［射］度 radiant exitance	W/m²				
6-16	辐［射］照度 irradiance	W/m²				
6-29	发光强度 luminous intensity	cd 埃［德拉］ （candela）				
6-30	光通量 luminous flux	lm 流［明］ （lumen）				
6-31	光量 quantity of light	lm · s				1 lm · h=3600 lm · s（准确值）
6-32	［光］亮度 luminance	cd/m²				
6-33	光出射度 luminous exitance	lm/m²				
6-34	［光］照度 illuminance	lx 勒［克斯］ （lux）				

续表

在 GB 3102.1～3102.13 中的项号	量	SI 单位	SI 单位的倍数单位的选择	由于实用中的重要性或由于专门领域的需要得到 CIPM 承认的 SI 以外的单位		备注和有关用于专门领域的单位的介绍
				单位	（5）栏的倍数单位	
（1）	（2）	（3）	（4）	（5）	（6）	（7）
6-35	曝光量 lignt exposure	lx·s				
6-36.1	光视效能 luminous efficacy	lm/W				
第Ⅶ部分：GB 3102.7《声学的量和单位》						
7-1	周期 period, periodic time	s	ms μs			
7-2	频率 frequency	Hz	MHz kHz			
7-5	波长 wavelength	m	mm			
7-8	体积质量 volumic mass, [质量]密度 mass density, density	kg/m³				
7-9.1 7-9.2	静压 static pressure, （瞬时）声压 (instantaneous) sound pressure	Pa	mPa μPa			
7-11	（瞬时）[声]质点速度 (instantaneous) sound particle velocity	m/s	mm/s			
7-13	（瞬时）体积流量，（体积速度） (instantaneous) volume flow rate, volume velocity	m³/s				

续表

在 GB 3102.1～3102.13 中的项号	量	SI 单位	SI 单位的倍数单位的选择	由于实用中的重要性或由于专门领域的需要得到 CIPM 承认的 SI 以外的单位		备注和有关用于专门领域的单位的介绍
				单位	（5）栏的倍数单位	
（1）	（2）	（3）	（4）	（5）	（6）	（7）
7-14.1	声速，（相速）velocity of sound，（phase velocity）	m/s				
7-16	声功率 sound power	W	kW mW μW pW			
7-17	声强 [度] sound intensity	W/m²	mW/m² μW/m² pW/m²			
7-18.1	声阻抗 acoustic impedance	Pa・s/m³				
7-27.1	力阻抗 mechanical impedance	N・s/m				
7-32.1	声阻抗率 specific acoustic impedance	Pa・s/m				
7-33	声压级 sound pressure level					B（贝 [尔]）dB（分贝），1 dB=10⁻¹B
7-35	声功率级 sound power level					B（贝 [尔]）dB（分贝），1 dB=10⁻¹B
7-46	隔声量 sound reduction index					B（贝 [尔]）dB（分贝），1 dB=10⁻¹B

续表

在 GB 3102.1～3102.13 中的项号	量	SI 单位	SI 单位的倍数单位的选择	由于实用中的重要性或由于专门领域的需要得到 CIPM 承认的 SI 以外的单位		备注和有关用于专门领域的单位的介绍
				单位	（5）栏的倍数单位	
（1）	（2）	（3）	（4）	（5）	（6）	（7）
7-47	吸声量 equivalent absorption area of a surface or object	m²				
7-48	混响时间 reverberation time	s				
第Ⅷ部分：GB 3102.8《物理化学和分子物理学的量和单位》						
8-3	物质的量 amount of substance	mol 摩［尔］（mole）	kmol mmol μmol			
8-5	摩尔质量 molar mass	kg/mol	g/mol			
8-6	摩尔体积 molar volume	m³/mol	dm³/mol cm³/mol	L/mol		关于升，参阅 1-6
8-7.1	摩尔热力学能 molar thermodynamic energy	J/mol	kJ/mol			
8-8.1	摩尔热容 molar heat capacity	J/（mol·K）				
8-9	摩尔熵 molar entropy	J/（mol·K）				

续表

在 GB 3102.1 ～ 3102.13 中的项号	量	SI 单位	SI 单位的倍数单位的选择	由于实用中的重要性或由于专门领域的需要得到 CIPM 承认的 SI 以外的单位		备注和有关用于专门领域的单位的介绍
				单位	（5）栏的倍数单位	
（1）	（2）	（3）	（4）	（5）	（6）	（7）
8-13	B 的浓度, concentration of B, B 的物质的量浓度 amount-of-substance concentration of B	mol/m^3	mol/dm^3 或 $kmol/m^3$	mol/L		关于升,参阅 1-6
8-16	溶质 B 的质量摩尔浓度 molality of solute B	mol/kg	mmol/kg			
8-39	扩散系数 diffusion coefficient	m^2/s				
8-41	热扩散系数 thermal diffusion coefficient	m^2/s				
第Ⅸ部分：GB 3102.9《原子物理学和核物理学的量和单位》						
9-29.2	质量亏损 mass defect	kg		u（原子质量单位）,1u$\approx$ 1.660 540 $\times 10^{-27}$kg		
9-36	[放射性] 活度 activity	Bq 贝可[勒尔] becquerel	MBq kBq			Ci（居里）, 1 Ci=3.7$\times 10^{10}$Bq

续表

在 GB 3102.1 ～ 3102.13 中的项号	量	SI 单位	SI 单位的倍数单位的选择	由于实用中的重要性或由于专门领域的需要得到 CIPM 承认的 SI 以外的单位		备注和有关用于专门领域的单位的介绍
				单位	（5）栏的倍数单位	
（1）	（2）	（3）	（4）	（5）	（6）	（7）
9-37	质量活度 massic activity, 比活度 specific activity	Bq/kg	MBq/kg kBq/kg			
9-39	半衰期 half-life	s	ms	d h		a（年）及小时和日参阅 1-7
第 X 部分：GB 3102.10《核反应和电离辐射的量和单位》						
10-1	反应能 reaction energy	J	eV（电子伏）, 1 eV ≈ 1.602 117 $\times 10^{-19}$J	GeV MeV keV		
10-50.2	吸引剂量 absorbed dose	Gy 戈[瑞]（gray）	mGy			rad（拉德）, 1 rad=10^{-2}Gy
10-52	剂量当量 dose equivalent	Sv 希[沃特] sievert	mSv			rem（雷姆）, 1 rem=10^{-2}Sv
10-57	照射量 exposure	C/kg	mC/kg			R（伦琴）, 1 R=2.58 $\times 10^{-4}$C/kg

续表

在 GB 3102.1 ~ 3102.13 中的项号	量	SI 单位	SI 单位的倍数单位的选择	由于实用中的重要性或由于专门领域的需要得到 CIPM 承认的 SI 以外的单位		备注和有关用于专门领域的单位的介绍
				单位	（5）栏的倍数单位	
（1）	（2）	（3）	（4）	（5）	（6）	（7）
第Ⅻ部分：GB 3102.12《特征数》						
12-1	雷诺数 Reynolds number	1				倍数用 10 的方次表示，例如，$Re = 1.32 \times 10^3$
12-6	马赫数 Mach number	1				
第ⅩⅢ部分：GB 3102.13《固体物理学的量和单位》						
13-17	态密度 density of states	J^{-1}/m^3		eV^{-1}/m^3		
13-20	霍尔系数 Hall coefficient	m^3/C				
13-21	热电动势 thermoelectro-motive force	V	mV			
13-24	汤姆逊系数 Thomson coefficient	V/K	mV/K			
13-28.2	禁带宽度 gap energy	J	fJ aJ	eV		关于电子伏，参阅 10-1
13-36.1	居里温度 Curie temperature	K				

附　录　B
国际单位制基本单位的定义
（参考件）

基本单位

　　米

米是光在真空中（1/299 792 458）s 时间间隔内所经路径的长度。

[第 17 届 CGPM（1983）]

　　千克

千克是质量单位，等于国际千克原器的质量。

[第 1 届 CGPM（1889）和第 3 届 CGPM（1901）]

　　秒

秒是铯 -133 原子基态的两个超精细能级之间跃迁所对应的辐射的 9 192 631 770 个周期的持续时间。

[第 13 届 CGPM（1967），决议 1]

　　安培

安培是电流的单位。在真空中，截面积可忽略的两根相距 1m 的无限长平行圆直导线内通以等量恒定电流时，若导线间相互作用力在每米长度上为 2×10^{-7}N，则每根导线中的电流为 1 A。

[CIPM（1946），决议 2。第 9 届 CGPM（1948）批准]

　　开尔文

热力学温度开尔文是水三相点热力学温度的 1/273.16。

[第 13 届 CGPM（1967），决议 4]

注：

1　第 13 届 CGPM（1967，决议 3）还决定单位开尔文与符号 K 用于表示温度间隔或温度差。

2　除以开尔文表示的热力学温度（符号 T）外，也使用按式 $t=T-T_0$ 所定义的摄氏温度（符号 t），式中 T_0=273.15K。单位"摄氏度"等于单位"开尔文"；"摄氏度"是表示摄氏温度时，用来代替"开尔文"的一个专门名称。但是摄氏温度间隔或摄氏温度差可以用摄氏度表示，也可以用开尔文表示。

　　摩尔

摩尔是一系统的物质的量，该系统中所包含的基本单元数与 0.012kg 碳 -12 的原子数目相等。在使用摩尔时，基本单元应予指明，可以是原子、分子、离子、电子及其他粒子，或是这些粒子的特定组合。

[第 14 届 CGPM（1971），决议 3]

　　坎德拉

坎德拉是一光源在给定方向上的发光强度，该光源发出频率为 540×10^{12}Hz 的单色辐射，且在此方向上的辐射强度为（1/683）W/sr。

[第 16 届 CGPM（1979），决议 3]

附 录

附加说明：

本标准由全国量和单位标准化技术委员会提出并归口。

本标准由全国量和单位标准化技术委员会秘书处负责起草。

本标准主要起草人赵彤、姜云祥、杜荷聪。

附录五 标点符号用法

（中华人民共和国国家标准 GB/T 15834—2011，
中华人民共和国国家质量监督检验检疫总局、中国国家标准化管理委员会
2011 年 12 月 30 日发布，2012 年 6 月 1 日实施）

前　言

本标准按照 GB/T 1.1—2009 给出的规则起草。

本标准代替 GB/T 15834—1995，与 GB/T 15834—1995 相比，主要变化如下：

——根据我国国家标准编写规则（GB/T 1.1—2009），对本标准的编排和表述做了全面修改；

——更换了大部分示例，使之更简短、通俗、规范；

——增加了对术语"标点符号"和"语段"的定义（2.1/2.5）；

——对术语"复句"和"分句"的定义做了修改（2.3/2.4）；

——对句末点号（句号、问号、叹号）的定义做了修改，更强调句末点号与句子语气之间的关系（4.1.1/4.2.1/4.3.1）；

——对逗号的基本用法做了补充（4.4.3）；

——增加了不同形式括号用法的示例（4.9.3）；

——省略号的形式统一为六连点"……"，但在特定情况下允许连用（4.11）；

——取消了连接号中原有的二字线，将连接号形式规范为短横线"-"、一字线"—"和浪纹线"～"，并对三者的功能做了归并与划分（4.13）；

——明确了书名号的使用范围（4.15/A.13）；

——增加了分隔号的用法说明（4.17）；

——"标点符号的位置"一章的标题改为"标点符号的位置和书写形式"，并增加了使用中文输入软件处理标点符号时的相关规范（第 5 章）；

——增加了"附录"：附录 A 为规范性附录，主要说明标点符号不能怎样使用和对标点符号用法加以补充说明，以解决目前使用混乱或争议较大的问题。附录 B 为资料性附录，对功能有交叉的标点符号的用法做了区分，并对标点符号误用高发环境下的规范用法做了说明。

本标准由教育部语言文字信息管理司提出并归口。

本标准主要起草单位：北京大学。

本标准主要起草人：沈阳、刘妍、于泳波、翁姗姗。

本标准所代替标准的历次版本发布情况为：

——GB/T 15834—1995。

标点符号用法

1　范围

本标准规定了现代汉语标点符号的用法。

本标准适用于汉语的书面语（包括汉语和外语混合排版时的汉语部分）。

2　术语和定义

下列术语和定义适用于本文件。

2.1　标点符号　punctuation

辅助文字记录语言的符号，是书面语的有机组成部分，用来表示语句的停顿、语气以及标示某些成分（主要是词语）的特定性质和作用。

> 注：数学符号、货币符号、校勘符号、辞书符号、注音符号等特殊领域的专门符号不属于标点符号。

2.2　句子　sentence

前后都有较大停顿、带有一定的语气和语调、表达相对完整意义的语言单位。

2.3　复句　complex sentence

由两个或多个在意义上有密切关系的分句组成的语言单位，包括简单复句（内部只有一层语义关系）和多重复句（内部包含多层语义关系）。

2.4　分句　clause

复句内两个或多个前后有停顿、表达相对完整意义、不带有句末语气和语调、有的前面可添加关联词语的语言单位。

2.5　语段　expression

指语言片段，是对各种语言单位（如词、短语、句子、复句等）不做特别区分时的统称。

3　标点符号的种类

3.1　点号

点号的作用是点断，主要表示停顿和语气。分为句末点号和句内点号。

3.1.1　句末点号

用于句末的点号，表示句末停顿和句子的语气。包括句号、问号、叹号。

3.1.2　句内点号

用于句内的点号，表示句内各种不同性质的停顿。包括逗号、顿号、分号、冒号。

3.2 标号

标号的作用是标明，主要标示某些成分（主要是词语）的特定性质和作用。包括引号、括号、破折号、省略号、着重号、连接号、间隔号、书名号、专名号、分隔号。

4 标点符号的定义、形式和用法

4.1 句号

4.1.1 定义

句末点号的一种，主要表示句子的陈述语气。

4.1.2 形式

句号的形式是"。"。

4.1.3 基本用法

4.1.3.1 用于句子末尾，表示陈述语气。使用句号主要根据语段前后有较大停顿、带有陈述语气和语调，并不取决于句子的长短。

示例1：北京是中华人民共和国的首都。

示例2：（甲：咱们走着去吧？）乙：好。

4.1.3.2 有时也可表示较缓和的祈使语气和感叹语气。

示例1：请您稍等一下。

示例2：我不由得感到，这些普通劳动者也同样是很值得尊敬的。

4.2 问号

4.2.1 定义

句末点号的一种，主要表示句子的疑问语气。

4.2.2 形式

问号的形式是"？"。

4.2.3 基本用法

4.2.3.1 用于句子末尾，表示疑问语气（包括反问、设问等疑问类型）。使用问号主要根据语段前后有较大停顿、带有疑问语气和语调，并不取决于句子的长短。

示例1：你怎么还不回家去呢？

示例2：难道这些普通的战士不值得歌颂吗？

示例3：（一个外国人，不远万里来到中国，帮助中国的抗日战争。）这是什么精神？这是国际主义的精神。

4.2.3.2 选择问句中，通常只在最后一个选项的末尾用问号，各个选项之间一般用逗号隔开。当选项较短且选项之间几乎没有停顿时，选项之间可不用逗号。当选项较多或较长，或有意突出每个选项的独立性时，也可每个选项之后都用问号。

示例1：诗中记述的这场战争究竟是真实的历史描述，还是诗人的虚构？

示例2：这是巧合还是有意安排？

示例3：要一个什么样的结尾：现实主义的？传统的？大团圆的？荒诞的？民族形式的？有象征意义的？

示例4：（他看着我的作品称赞了我。）但到底是称赞我什么：是有几处画得好？还是什么都敢画？抑或只是一种对于失败者的无可奈何的安慰？我不得而知。

示例5：这一切都是由客观的条件造成的？还是由行为的惯性造成的？

4.2.3.3 在多个问句连用或表达疑问语气加重时，可叠用问号。通常应先单用，再叠用，最多叠用三个问号。在没有异常强烈的情感表达需要时不宜叠用问号。

示例：这就是你的做法吗？你这个总经理是怎么当的？？你怎么竟敢这样欺骗消费者？？？

4.2.3.4 问号也有标号的用法，即用于句内，表示存疑或不详。

示例1：马致远（1250？—1321），大都人，元代戏曲家、散曲家。

示例2：钟嵘（？—518），颍川长社人，南朝梁代文学批评家。

示例3：出现这样的文字错误，说明作者（编者？校者？）很不认真。

4.3 叹号

4.3.1 定义

句末点号的一种，主要表示句子的感叹语气。

4.3.2 形式

叹号的形式是"！"。

4.3.3 基本用法

4.3.3.1 用于句子末尾，主要表示感叹语气，有时也可表示强烈的祈使语气、反问语气等。使用叹号主要根据语段前后有较大停顿、带有感叹语气和语调或带有强烈的祈使、反问语气和语调，并不取决于句子的长短。

示例1：才一年不见，这孩子都长这么高啦！

示例2：你给我住嘴！

示例3：谁知道他今天是怎么搞的！

4.3.3.2 用于拟声词后，表示声音短促或突然。

示例1：咔嚓！一道闪电划破了夜空。

示例2：咚！咚咚！突然传来一阵急促的敲门声。

4.3.3.3 表示声音巨大或声音不断加大时，可叠用叹号；表达强烈语气时，也可叠用叹号，最多叠用三个叹号。在没有异常强烈的情感表达需要时不宜叠用叹号。

示例1：轰！！在这天崩地塌的声音中，女娲猛然醒来。

示例2：我要揭露！我要控诉！！我要以死抗争！！！

4.3.3.4 当句子包含疑问、感叹两种语气且都比较强烈时（如带有强烈感情的反问句和带有惊愕语气的疑问句），可在问号后再加叹号（问号、叹号各一）。

示例1：这么点儿困难就能把我们吓倒吗？！

示例2：他连这些最起码的常识都不懂，还敢说自己是高科技人才？！

4.4 逗号

4.4.1 定义

句内点号的一种，表示句子或语段内部的一般性停顿。

4.4.2 形式

逗号的形式是"，"。

4.4.3 基本用法

4.4.3.1 复句内各分句之间的停顿，除了有时用分号（见 4.6.3.1），一般都用逗号。

示例1：不是人们的意识决定人们的存在，而是人们的社会存在决定人们的意识。

示例2：学历史使人更明智，学文学使人更聪慧，学数学使人更精细，学考古使人更深沉。

示例3：要是不相信我们的理论能反映现实，要是不相信我们的世界有内在和谐，那就不可能有科学。

4.4.3.2 用于下列各种语法位置：

a）较长的主语之后。

示例1：苏州园林建筑各种门窗的精美设计和雕镂功夫，都令人叹为观止。

b）句首的状语之后。

示例2：在苍茫的大海上，狂风卷集着乌云。

c）较长的宾语之前。

示例3：有的考古工作者认为，南方古猿生存于上新世至更新世的初期和中期。

d）带句内语气词的主语（或其他成分）之后，或带句内语气词的并列成分之间。

示例4：他呢，倒是很乐意地、全神贯注地干起来了。

示例5：（那是个没有月亮的夜晚。）可是整个村子——白房顶啦，白树木啦，雪堆啦，全看得见。

e）较长的主语中间、谓语中间或宾语中间。

示例6：母亲沉痛的诉说，以及亲眼见到的事实，都启发了我幼年时期追求真理的思想。

示例7：那姑娘头戴一顶草帽，身穿一条绿色的裙子，腰间还系着一根橙色的腰带。

示例8：必须懂得，对于文化传统，既不能不分青红皂白统统抛弃，也不能不管精华糟粕全盘继承。

f）前置的谓语之后或后置的状语、定语之前。

示例9：真美啊，这条蜿蜒的林间小路。

示例10：她吃力地站了起来，慢慢地。

示例11：我只是一个人，孤孤单单的。

4.4.3.3 用于下列各种停顿处：

a）复指成分或插说成分前后。

示例1：老张，就是原来的办公室主任，上星期已经调走了。

示例2：车，不用说，当然是头等。

b）语气缓和的感叹语、称谓语或呼唤语之后。

示例3：哎哟，这儿，快给我揉揉。

示例4：大娘，您到哪儿去啊？

示例5：喂，你是哪个单位的？

c）某些序次语（"第"字头、"其"字头及"首先"类序次语）之后。

示例6：为什么许多人都有长不大的感觉呢？原因有三：第一，父母总认为自己比孩子成熟；第二，父母总要以自己的标准来衡量孩子；第三，父母出于爱心而总不想让孩子在成长的过程中走弯路。

示例7：《玄秘塔碑》所以成为书法的范本，不外乎以下几方面的因素：其一，具有楷书点画、构体的典范性；其二，承上启下，成为唐楷的极致；其三，字如其人，爱人及字，柳公权高尚的书品、人品为后人所崇仰。

示例8：下面从三个方面讲讲语言的污染问题：首先，是特殊语言环境中的语言污染问题；其次，是滥用缩略语引起的语言污染问题；再次，是空话和废话引起的语言污染问题。

4.5 顿号

4.5.1 定义

句内点号的一种，表示语段中并列词语之间或某些序次语之后的停顿。

4.5.2 形式

顿号的形式是"、"。

4.5.3 基本用法

4.5.3.1 用于并列词语之间。

示例1：这里有自由、民主、平等、开放的风气和氛围。

示例2：造型科学、技艺精湛、气韵生动，是盛唐石雕的特色。

4.5.3.2 用于需要停顿的重复词语之间。

示例：他几次三番、几次三番地辩解着。

4.5.3.3 用于某些序次语（不带括号的汉字数字或"天干地支"类序次语）之后。

示例1：我准备讲两个问题：一、逻辑学是什么？二、怎样学好逻辑学？

示例2：风格的具体内容主要有以下四点：甲、题材；乙、用字；丙、表达；丁、色彩。

4.5.3.4 相邻或相近两数字连用表示概数通常不用顿号。若相邻两数字连用为缩略形式，宜用顿号。

示例1：飞机在6000米高空水平飞行时，只能看到两侧八九千米和前方一二十千米范围内的地面。

示例2：这种凶猛的动物常常三五成群地外出觅食和活动。

示例3：农业是国民经济的基础，也是二、三产业的基础。

4.5.3.5 标有引号的并列成分之间、标有书名号的并列成分之间通常不用顿号。若有其他成分插在并列的引号之间或并列的书名号之间（如引语或书名号之后还有括注），宜用顿号。

示例1："日""月"构成"明"字。

示例2：店里挂着"顾客就是上帝""质量就是生命"等横幅。

示例3：《红楼梦》《三国演义》《西游记》《水浒传》，是我国长篇小说的四大名著。

示例4：李白的"白发三千丈"（《秋浦歌》）、"朝如青丝暮成雪"（《将进酒》）都是脍炙人口的诗句。

示例5：办公室里订有《人民日报》（海外版）、《光明日报》和《时代周刊》等报刊。

4.6 分号

4.6.1 定义

句内点号的一种，表示复句内部并列关系分句之间的停顿，以及非并列关系的多重复句中第一层分句之间的停顿。

4.6.2 形式

分号的形式是"；"。

4.6.3 基本用法

4.6.3.1 表示复句内部并列关系的分句（尤其当分句内部还有逗号时）之间的停顿。

示例1：语言文字的学习，就理解方面说，是得到一种知识；就运用方面说，是养成一种习惯。

示例2：内容有分量，尽管文章短小，也是有分量的；内容没有分量，即使写得再长也没有用。

4.6.3.2 表示非并列关系的多重复句中第一层分句（主要是选择、转折等关系）之间的停顿。

示例1：人还没看见，已经先听见歌声了；或者人已经转过山头望不见了，歌声还余音袅袅。

示例2：尽管人民革命的力量在开始时总是弱小的，所以总是受压的；但是由于革命的力量代表历史发展的方向，因此本质上又是不可战胜的。

示例3：不管一个人如何伟大，也总是生活在一定的环境和条件下；因此，个人的见解总难免带有某种局限性。

示例4：昨天夜里下了一场雨，以为可以凉快些；谁知没有凉快下来，反而更热了。

4.6.3.3 用于分项列举的各项之间。

示例：特聘教授的岗位职责为：一、讲授本学科的主干基础课程；二、主持本学科的重大科研项目；三、领导本学科的学术队伍建设；四、带领本学科赶超或保持世界先进水平。

4.7 冒号

4.7.1 定义

句内点号的一种，表示语段中提示下文或总结上文的停顿。

4.7.2 形式

冒号的形式是"："。

4.7.3 基本用法

4.7.3.1 用于总说性或提示性词语（如"说""例如""证明"等）之后，表示提示下文。

示例1：北京紫禁城有四座城门：午门、神武门、东华门和西华门。

示例2：她高兴地说："咱们去好好庆祝一下吧！"

示例3：小王笑着点了点头："我就是这么想的。"

示例4：这一事实证明：人能创造环境，环境同样也能创造人。

4.7.3.2 表示总结上文。

示例：张华上了大学，李萍进了技校，我当了工人：我们都有美好的前途。

4.7.3.3 用在需要说明的词语之后，表示注释和说明。

示例1：（本市将举办首届大型书市。）主办单位：市文化局；承办单位：市图书进出口公司；时间：8月15日—20日；地点：市体育馆观众休息厅。

示例2：（做阅读理解题有两个办法。）办法之一：先读题干，再读原文，带着问题有针对性地读课文。办法之二：直接读原文，读完再做题，减少先入为主的干扰。

4.7.3.4　用于书信、讲话稿中称谓语或称呼语之后。

示例1：广平先生：……

示例2：同志们、朋友们：……

4.7.3.5　一个句子内部一般不应套用冒号。在列举式或条文式表述中，如不得不套用冒号时，宜另起段落来显示各个层次。

示例：第十条　遗产按照下列顺序继承：

第一顺序：配偶、子女、父母。

第二顺序：兄弟姐妹、祖父母、外祖父母。

4.8　引号

4.8.1　定义

标号的一种，标示语段中直接引用的内容或需要特别指出的成分。

4.8.2　形式

引号的形式有双引号""" ""和单引号"' '"两种。左侧的为前引号，右侧的为后引号。

4.8.3　基本用法

4.8.3.1　标示语段中直接引用的内容。

示例：李白诗中就有"白发三千丈"这样极尽夸张的语句。

4.8.3.2　标示需要着重论述或强调的内容。

示例：这里所谓的"文"，并不是指文字，而是指文采。

4.8.3.3　标示语段中具有特殊含义而需要特别指出的成分，如别称、简称、反语等。

示例1：电视被称作"第九艺术"。

示例2：人类学上常把古人化石统称为尼安德特人，简称"尼人"。

示例3：有几个"慈祥"的老板把捡来的菜叶用盐浸浸就算作工友的菜肴。

4.8.3.4　当引号中还需要使用引号时，外面一层用双引号，里面一层用单引号。

示例：他问："老师，'七月流火'是什么意思？"

4.8.3.5　独立成段的引文如果只有一段，段首和段尾都用引号；不止一段时，每段开头仅用前引号，只在最后一段末尾用后引号。

示例：我曾在报纸上看到有人这样谈幸福：

"幸福是知道自己喜欢什么和不喜欢什么。……

"幸福是知道自己擅长什么和不擅长什么。……

"幸福是在正确的时间做了正确的选择。……"

4.8.3.6　在书写带月、日的事件、节日或其他特定意义的短语（含简称）时，通常只标引其中的月和日；需要突出和强调该事件或节日本身时，也可连同事件或节日一起标引。

示例1："5·12"汶川大地震

示例2："五四"以来的话剧，是我国戏剧中的新形式。

示例3：纪念"五四运动"90周年

4.9　括号

4.9.1　定义

标号的一种，标示语段中的注释内容、补充说明或其他特定意义的语句。

4.9.2　形式

括号的主要形式是圆括号"（）"，其他形式还有方括号"[ ]"、六角括号"〔〕"和方头括号"【】"等。

4.9.3　基本用法

4.9.3.1 标示下列各种情况，均用圆括号：

a）标示注释内容或补充说明。

示例1：我校拥有特级教师（含已退休的）17人。

示例2：我们不但善于破坏一个旧世界，我们还将善于建设一个新世界！（热烈鼓掌）

b）标示订正或补加的文字。

示例3：信纸上用稚嫩的字体写着："阿夷（姨），你好！"。

示例4：该建筑公司负责的建设工程全部达到优良工程（的标准）。

c）标示序次语。

示例5：语言有三个要素：（1）声音；（2）结构；（3）意义。

示例6：思想有三个条件：（一）事理；（二）心理；（三）伦理。

d）标示引语的出处。

示例7：他说得好："未画之前，不立一格；既画之后，不留一格。"（《板桥集·题画》）

e）标示汉语拼音注音。

示例8："的（de）"这个字在现代汉语中最常用。

4.9.3.2 标示作者国籍或所属朝代时，可用方括号或六角括号。

示例1：[英]赫胥黎《进化论与伦理学》

示例2：〔唐〕杜甫著

4.9.3.3 报刊标示电讯、报道的开头，可用方头括号。

示例：【新华社南京消息】

4.9.3.4 标示公文发文字号中的发文年份时，可用六角括号。

示例：国发〔2011〕3号文件

4.9.3.5 标示被注释的词语时，可用六角括号或方头括号。

示例1：〔奇观〕奇伟的景象。

示例2：【爱因斯坦】物理学家。生于德国，1933年因受纳粹政权迫害，移居美国。

4.9.3.6 除科技书刊中的数学、逻辑公式外，所有括号（特别是同一形式的括号）应尽量避免套用。必须套用括号时，宜采用不同的括号形式配合使用。

示例：〔茸（róng）毛〕很细很细的毛。

4.10　破折号

4.10.1　定义

标号的一种，标示语段中某些成分的注释、补充说明或语音、意义的变化。

4.10.2　形式

破折号的形式是"——"。

4.10.3　基本用法

4.10.3.1　标示注释内容或补充说明（也可用括号，见 4.9.3.1；二者的区别另见 B.1.7）。

示例1：一个矮小而结实的日本中年人——内山老板走了过来。

示例2：我一直坚持读书，想借此唤起弟妹对生活的希望——无论环境多么困难。

4.10.3.2　标示插入语（也可用逗号，见 4.4.3.3）。

示例：这简直就是——说得不客气点儿——无耻的勾当！

4.10.3.3　标示总结上文或提示下文（也可用冒号，见 4.7.3.1、4.7.3.2）。

示例1：坚强，纯洁，严于律己，客观公正——这一切都难得地集中在一个人身上。

示例2：画家开始娓娓道来——

数年前的一个寒冬，……

4.10.3.4　标示话题的转换。

示例："好香的干菜，——听到风声了吗？"赵七爷低声说道。

4.10.3.5　标示声音的延长。

示例："嘎——"传过来一声水禽被惊动的鸣叫。

4.10.3.6　标示话语的中断或间隔。

示例1："班长他牺——"小马话没说完就大哭起来。

示例2："亲爱的妈妈，您不知道我多爱您。——还有你，我的孩子！"

4.10.3.7　标示引出对话。

示例：——你长大后想成为科学家吗？

——当然想了！

4.10.3.8　标示事项列举分承。

示例：根据研究对象的不同，环境物理学分为以下五个分支学科：

——环境声学；

——环境光学；

——环境热学；

——环境电磁学；

——环境空气动力学。

4.10.3.9　用于副标题之前。

示例：飞向太平洋

——我国新型号运载火箭发射目击记

4.10.3.10　用于引文、注文后，标示作者、出处或注释者。

示例1：先天下之忧而忧，后天下之乐而乐。

——范仲淹

示例2：乐浪海中有倭人，分为百余国。

——《汉书》

示例3：很多人写好信后把信笺折成方胜形，我看大可不必。（方胜，指古代妇女戴的方形首饰，用彩绸等制作，由两个斜方部分叠合而成。——编者注）

4.11 省略号

4.11.1 定义

标号的一种，标示语段中某些内容的省略及意义的断续等。

4.11.2 形式

省略号的形式是"……"。

4.11.3 基本用法

4.11.3.1 标示引文的省略。

示例：我们齐声朗诵起来："……俱往矣，数风流人物，还看今朝。"

4.11.3.2 标示列举或重复词语的省略。

示例1：对政治的敏感，对生活的敏感，对性格的敏感，……这都是作家必须要有的素质。

示例2：他气得连声说："好，好……算我没说。"

4.11.3.3 标示语意未尽。

示例1：在人迹罕至的深山密林里，假如突然看见一缕炊烟，……

示例2：你这样干，未免太……！

4.11.3.4 标示说话时断断续续。

示例：她磕磕巴巴地说："可是……太太……我不知道……你一定是认错了。"

4.11.3.5 标示对话中的沉默不语。

示例："还没结婚吧？"

"……"他飞红了脸，更加忸怩起来。

4.11.3.6 标示特定的成分虚缺。

示例：只要……就……

4.11.3.7 在标示诗行、段落的省略时，可连用两个省略号（即相当于十二连点）。

示例1：从隔壁房间传来缓缓而抑扬顿挫的吟咏声——

床前明月光，疑是地上霜。

…………

示例2：该刊根据工作质量、上稿数量、参与程度等方面的表现，评选出了高校十佳记者站。还根据发稿数量、提供新闻线索情况以及对刊物的关注度等，评选出了十佳通讯员。

…………

4.12 着重号

4.12.1 定义

标号的一种，标示语段中某些重要的或需要指明的文字。

4.12.2 形式

着重号的形式是"．"，标注在相应文字的下方。

4.12.3　基本用法

4.12.3.1　标示语段中重要的文字。

　　示例1：诗人需要表现，而不是证明。

　　示例2：下面对本文的理解，不正确的一项是：……

4.12.3.2　标示语段中需要指明的文字。

　　示例：下边加点的字，除了在词中的读法外，还有哪些读法？

　　　　着急　子弹　强调

4.13　连接号

4.13.1　定义

标号的一种，标示某些相关联成分之间的连接。

4.13.2　形式

连接号的形式有短横线"-"、一字线"—"和浪纹线"～"三种。

4.13.3　基本用法

4.13.3.1　标示下列各种情况，均用短横线：

　　a）化合物的名称或表格、插图的编号。

　　示例1：3-戊酮为无色液体，对眼及皮肤有强烈刺激性。

　　示例2：参见下页表2-8、表2-9。

　　b）连接号码，包括门牌号码、电话号码，以及用阿拉伯数字表示年月日等。

　　示例3：安宁里东路26号院3-2-11室

　　示例4：联系电话：010-88842603

　　示例5：2011-02-15

　　c）在复合名词中起连接作用。

　　示例6：吐鲁番-哈密盆地

　　d）某些产品的名称和型号。

　　示例7：WZ-10直升机具有复杂天气和夜间作战的能力。

　　e）汉语拼音、外来语内部的分合。

　　示例8：shuōshuō-xiàoxiào（说说笑笑）

　　示例9：盎格鲁－撒克逊人

　　示例10：让－雅克·卢梭（"让－雅克"为双名）

　　示例11：皮埃尔·孟戴斯–弗朗斯（"孟戴斯–弗朗斯"为复姓）

4.13.3.2　标示下列各种情况，一般用一字线，有时也可用浪纹线：

　　a）标示相关项目（如时间、地域等）的起止。

　　示例1：沈括（1031—1095），宋朝人。

　　示例2：2011年2月3日—10日

　　示例3：北京—上海特别旅客快车

　　b）标示数值范围（由阿拉伯数字或汉字数字构成）的起止。

示例 4：25～30g

示例 5：第五～八课

4.14 间隔号

4.14.1 定义

标号的一种，标示某些相关联成分之间的分界。

4.14.2 形式

间隔号的形式是"·"。

4.14.3 基本用法

4.14.3.1 标示外国人名或少数民族人名内部的分界。

示例 1：克里丝蒂娜·罗塞蒂

示例 2：阿依古丽·买买提

4.14.3.2 标示书名与篇（章、卷）名之间的分界。

示例：《淮南子·本经训》

4.14.3.3 标示词牌、曲牌、诗体名等和题名之间的分界。

示例 1：《沁园春·雪》

示例 2：《天净沙·秋思》

示例 3：《七律·冬云》

4.14.3.4 用在构成标题或栏目名称的并列词语之间。

示例：《天·地·人》

4.14.3.5 以月、日为标志的事件或节日，用汉字数字表示时，只在一、十一和十二月后用间隔号；当直接用阿拉伯数字表示时，月、日之间均用间隔号（半角字符）。

示例 1："九一八"事变　　　　　　"五四"运动

示例 2："一·二八"事变　　　　　"一二·九"运动

示例 3："3·15"消费者权益日　　　"9·11"恐怖袭击事件

4.15 书名号

4.15.1 定义

标号的一种，标示语段中出现的各种作品的名称。

4.15.2 形式

书名号的形式有双书名号"《　》"和单书名号"〈　〉"两种。

4.15.3 基本用法

4.15.3.1 标示书名、卷名、篇名、刊物名、报纸名、文件名等。

示例 1：《红楼梦》（书名）

示例 2：《史记·项羽本纪》（卷名）

示例3：《论雷峰塔的倒掉》（篇名）

示例4：《每周关注》（刊物名）

示例5：《人民日报》（报纸名）

示例6：《全国农村工作会议纪要》（文件名）

4.15.3.2 标示电影、电视、音乐、诗歌、雕塑等各类用文字、声音、图像等表现的作品的名称。

示例1：《渔光曲》（电影名）

示例2：《追梦录》（电视剧名）

示例3：《勿忘我》（歌曲名）

示例4：《沁园春·雪》（诗词名）

示例5：《东方欲晓》（雕塑名）

示例6：《光与影》（电视节目名）

示例7：《社会广角镜》（栏目名）

示例8：《庄子研究文献数据库》（光盘名）

示例9：《植物生理学系列挂图》（图片名）

4.15.3.3 标示全中文或中文在名称中占主导地位的软件名。

示例：科研人员正在研制《电脑卫士》杀毒软件。

4.15.3.4 标示作品名的简称。

示例：我读了《念青唐古拉山脉纪行》一文（以下简称《念》），收获很大。

4.15.3.5 当书名号中还需要书名号时，里面一层用单书名号，外面一层用双书名号。

示例：《教育部关于提请审议＜高等教育自学考试试行办法＞的报告》

4.16 专名号

4.16.1 定义

标号的一种，标示古籍和某些文史类著作中出现的特定类专有名词。

4.16.2 形式

专名号的形式是一条直线，标注在相应文字的下方。

4.16.3 基本用法

4.16.3.1 标示古籍、古籍引文或某些文史类著作中出现的专有名词，主要包括人名、地名、国名、民族名、朝代名、年号、宗教名、官署名、组织名等。

示例1：孙坚人马被刘表率军围得水泄不通。（人名）

示例2：于是聚集冀、青、幽、并四州兵马七十多万准备决一死战。（地名）

示例3：当时乌孙及西域各国都向汉派遣了使节。（国名、朝代名）

示例4：从咸宁二年到太康十年，匈奴、鲜卑、乌桓等族人徙居塞内。（年号、民族名）

4.16.3.2 现代汉语文本中的上述专有名词，以及古籍和现代文本中的单位名、官职名、事件名、会议名、书名等不应使用专名号。必须使用标号标示时，宜使用其他相应标号（如引号、书名号等）。

4.17　分隔号

4.17.1　定义

标号的一种，标示诗行、节拍及某些相关文字的分隔。

4.17.2　形式

分隔号的形式是"／"。

4.17.3　基本用法

4.17.3.1　诗歌接排时分隔诗行（也可使用逗号和分号，见 4.4.3.1/4.6.3.1）。

示例：春眠不觉晓／处处闻啼鸟／夜来风雨声／花落知多少。

4.17.3.2　标示诗文中的音节节拍。

示例：横眉／冷对／千夫指，俯首／甘为／孺子牛。

4.17.3.3　分隔供选择或可转换的两项，表示"或"。

示例：动词短语中除了作为主体成分的述语动词之外，还包括述语动词所带的宾语和／或补语。

4.17.3.4　分隔组成一对的两项，表示"和"。

示例1：13/14 次特别快车

示例2：羽毛球女双决赛中国组合杜婧／于洋两局完胜韩国名将李孝贞／李敬元。

4.17.3.5　分隔层级或类别。

示例：我国的行政区划分为：省（直辖市、自治区）/省辖市（地级市）/县（县级市、区、自治州）/乡（镇）/村（居委会）。

5　标点符号的位置和书写形式

5.1　横排文稿标点符号的位置和书写形式

5.1.1　句号、逗号、顿号、分号、冒号均置于相应文字之后，占一个字位置，居左下，不出现在一行之首。

5.1.2　问号、叹号均置于相应文字之后，占一个字位置，居左，不出现在一行之首。两个问号（或叹号）叠用时，占一个字位置；三个问号（或叹号）叠用时，占两个字位置；问号和叹号连用时，占一个字位置。

5.1.3　引号、括号、书名号中的两部分标在相应项目的两端，各占一个字位置。其中前一半不出现在一行之末，后一半不出现在一行之首。

5.1.4　破折号标在相应项目之间，占两个字位置，上下居中，不能中间断开分处上行之末和下行之首。

5.1.5　省略号占两个字位置，两个省略号连用时占四个字位置并须单独占一行。省略号不能中间断开分处上行之末和下行之首。

5.1.6　连接号中的短横线比汉字"一"略短，占半个字位置；一字线比汉字"一"略长，占一个字位置；浪纹线占一个字位置。连接号上下居中，不出现在一行之首。

5.1.7　间隔号标在需要隔开的项目之间，占半个字位置，上下居中，不出现在一行之首。

5.1.8　着重号和专名号标在相应文字的下边。

5.1.9　分隔号占半个字位置，不出现在一行之首或一行之末。

5.1.10　标点符号排在一行末尾时，若为全角字符则应占半角字符的宽度（即半个字位置），以使视觉效果更美观。

5.1.11　在实际编辑出版工作中，为排版美观、方便阅读等需要，或为避免某一小节最后一个汉字转行或出现在另外一页开头等情况（浪费版面及视觉效果差），可适当压缩标点符号所占用的空间。

5.2　竖排文稿标点符号的位置和书写形式

5.2.1　句号、问号、叹号、逗号、顿号、分号和冒号均置于相应文字之下偏右。

5.2.2　破折号、省略号、连接号、间隔号和分隔号置于相应文字之下居中，上下方向排列。

5.2.3　引号改用双引号“﹁”“﹂”和单引号“﹁”“﹂”，括号改用“︵”“︶”，标在相应项目的上下。

5.2.4　竖排文稿中使用浪线式书名号“﹏”，标在相应文字的左侧。

5.2.5　着重号标在相应文字的右侧，专名号标在相应文字的左侧。

5.2.6　横排文稿中关于某些标点不能居行首或行末的要求，同样适用于竖排文稿。

附录 A

（规范性附录）

标点符号用法的补充规则

A.1 句号用法补充规则

图或表的短语式说明文字，中间可用逗号，但末尾不用句号。即使有时说明文字较长，前面的语段已出现句号，最后结尾处仍不用句号。

示例 1：行进中的学生方队

示例 2：经过治理，本市市容市貌焕然一新。这是某区街道一景

A.2 问号用法补充规则

使用问号应以句子表示疑问语气为依据，而并不根据句子中包含有疑问词。当含有疑问词的语段充当某种句子成分，而句子并不表示疑问语气时，句末不用问号。

示例 1：他们的行为举止、审美趣味，甚至读什么书，坐什么车，都在媒体掌握之中。

示例 2：谁也不见，什么也不吃，哪儿也不去。

示例 3：我也不知道他究竟躲到什么地方去了。

A.3 逗号用法补充规则

用顿号表示较长、较多或较复杂的并列成分之间的停顿时，最后一个成分前可用"以及（及）"进行连接，"以及（及）"之前应用逗号。

示例：压力过大、工作时间过长、作息不规律，以及忽视营养均衡等，均会导致健康状况的下降。

A.4 顿号用法补充规则

A.4.1 表示含有顺序关系的并列各项间的停顿，用顿号，不用逗号。下例解释"对于"一词用法，"人""事物""行为"之间有顺序关系（即人和人、人和事物、人和行为、事物和事物、事物和行为、行为和行为等六种对待关系），各项之间应用顿号。

示例：〔对于〕表示人，事物，行为之间的相互对待关系。（误）

示例：〔对于〕表示人、事物、行为之间的相互对待关系。（正）

A.4.2 用阿拉伯数字表示年月日的简写形式时，用短横线连接号，不用顿号。

示例：2010、03、02（误）

2010-03-02（正）

A.5 分号用法补充规则

分项列举的各项有一项或多项已包含句号时，各项的末尾不能再用分号。

示例：本市先后建立起三大农业生产体系：一是建立甘蔗生产服务体系。成立糖业服务公司，主要给农民提供机耕等服务；二是建立蚕桑生产服务体系。……；三是建立热作服务体系。……。（误）

本市先后建立起三大农业生产体系：一是建立甘蔗生产服务体系。成立糖业服务公司，主要给农民提供机耕等服务。二是建立蚕桑生产服务体系。……。三是建立热作服务体系。……。（正）

A.6　冒号用法补充规则

A.6.1　冒号用在提示性话语之后引起下文。表面上类似但实际不是提示性话语的，其后用逗号。

　　示例1：郦道元《水经注》记载："沼西际山枕水，有唐叔虞祠。"（提示性话语）

　　示例2：据《苏州府志》载，苏州城内大小园林约有150多座，可算名副其实的园林之城。（非提示性话语）

A.6.2　冒号提示范围无论大小（一句话、几句话甚至几段话），都应与提示性话语保持一致（即在该范围的末尾要用句号点断）。应避免冒号涵盖范围过窄或过宽。

　　示例：艾滋病有三个传播途径：血液传播，性传播和母婴传播，日常接触是不会传播艾滋病的。（误）

　　　　　艾滋病有三个传播途径：血液传播，性传播和母婴传播。日常接触是不会传播艾滋病的。（正）

A.6.3　冒号应用在有停顿处，无停顿处不应用冒号。

　　示例1：他头也不抬，冷冷地问："你叫什么名字？"（有停顿）

　　示例2：这事你得拿主意，光说"不知道"怎么行？（无停顿）

A.7　引号用法补充规则

"丛刊""文库""系列""书系"等作为系列著作的选题名，宜用引号标引。当"丛刊"等为选题名的一部分时，放在引号之内，反之则放在引号之外。

　　示例1："汉译世界学术名著丛书"

　　示例2："中国哲学典籍文库"

　　示例3："20世纪心理学通览"丛书

A.8　括号用法补充规则

括号可分为句内括号和句外括号。句内括号用于注释句子里的某些词语，即本身就是句子的一部分，应紧跟在被注释的词语之后。句外括号则用于注释句子、句群或段落，即本身结构独立，不属于前面的句子、句群或段落，应位于所注释语段的句末点号之后。

　　示例：标点符号是辅助文字记录语言的符号，是书面语的有机组成部分，用来表示语句的停顿、语气以及标示某些成分（主要是词语）的特定性质和作用。（数学符号、货币符号、校勘符号等特殊领域的专门符号不属于标点符号。）

A.9　省略号用法补充规则

A.9.1　不能用多于两个省略号（多于12点）连在一起表示省略。省略号须与多点连续的连珠号相区别（后者主要是用于表示目录中标题和页码对应和连接的专门符号）。

A.9.2　省略号和"等""等等""什么的"等词语不能同时使用。在需要读出来的地方用"等""等等""什么的"等词语，不用省略号。

示例：含有铁质的食物有猪肝、大豆、油菜、菠菜……等。（误）

含有铁质的食物有猪肝、大豆、油菜、菠菜等。（正）

A.10 着重号用法补充规则

不应使用文字下加直线或波浪线等形式表示着重。文字下加直线为专名号形式（4.16）；文字下加浪纹线是特殊书名号（A.13.6）。着重号的形式统一为相应项目下加小圆点。

示例：下面对本文的理解，<u>不正确</u>的一项是（误）

下面对本文的理解，不正确的一项是（正）

A.11 连接号用法补充规则

浪纹线连接号用于标示数值范围时，在不引起歧义的情况下，前一数值附加符号或计量单位可省略。

示例：5公斤～100公斤（正）

5～100公斤（正）

A.12 间隔号用法补充规则

当并列短语构成的标题中已用间隔号隔开时，不应再用"和"类连词。

示例：《水星·火星和金星》（误）

《水星·火星·金星》（正）

A.13 书名号用法补充规则

A.13.1 不能视为作品的课程、课题、奖品奖状、商标、证照、组织机构、会议、活动等名称，不应用书名号。下面均为书名号误用的示例：

示例1：下学期本中心将开设《现代企业财务管理》《市场营销》两门课程。

示例2：明天将召开《关于"两保两挂"的多视觉理论思考》课题立项会。

示例3：本市将向70岁以上（含70岁）老年人颁发《敬老证》。

示例4：本校共获得《最佳印象》《自我审美》《卡拉OK》等六个奖杯。

示例5：《闪光》牌电池经久耐用。

示例6：《文史杂志社》编辑力量比较雄厚。

示例7：本市将召开《全国食用天然色素应用研讨会》。

示例8：本报将于今年暑假举行《墨宝杯》书法大赛。

A.13.2 有的名称应根据指称意义的不同确定是否用书名号。如文艺晚会指一项活动时，不用书名号；而特指一种节目名称时，可用书名号。再如展览作为一种文化传播的组织形式时，不用书名号；特定情况下将某项展览作为一种创作的作品时，可用书名号。

示例1：2008年重阳联欢晚会受到观众的称赞和好评。

示例2：本台将重播《2008年重阳联欢晚会》。

示例3："雪域明珠——中国西藏文化展"今天隆重开幕。

示例4：《大地飞歌艺术展》是一部大型现代艺术作品。

A.13.3 书名后面表示该作品所属类别的普通名词不标在书名号内。

示例：《我们》杂志

A.13.4 书名有时带有括注。如果括注是书名、篇名等的一部分，应放在书名号之内，反之则应放在书名号之外。

示例1：《琵琶行（并序）》

示例2：《中华人民共和国民事诉讼法（试行）》

示例3：《新政治协商会议筹备会组织条例（草案）》

示例4：《百科知识》（彩图本）

示例5：《人民日报》（海外版）

A.13.5 书名、篇名末尾如有叹号或问号，应放在书名号之内。

示例1：《日记何罪！》

示例2：《如何做到同工又同酬？》

A.13.6 在古籍或某些文史类著作中，为与专名号配合，书名号也可改用浪线式"﹏"，标注在书名下方。这可以看作是特殊的专名号或特殊的书名号。

A.14 分隔号用法补充规则

分隔号又称正斜线号，须与反斜线号"\"相区别（后者主要是用于编写计算机程序的专门符号）。使用分隔号时，紧贴着分隔号的前后通常不用点号。

附 录 B

（资料性附录）

标点符号若干用法的说明

B.1 易混标点符号用法比较

B.1.1 逗号、顿号表示并列词语之间停顿的区别

逗号和顿号都表示停顿，但逗号表示的停顿长，顿号表示的停顿短。并列词语之间的停顿一般用顿号，但当并列词语较长或其后有语气词时，为了表示稍长一点儿的停顿，也可用逗号。

示例1：我喜欢吃的水果有苹果、桃子、香蕉和菠萝。

示例2：我们需要了解全局和局部的统一，必然和偶然的统一，本质和现象的统一。

示例3：看游记最难弄清位置和方向，前啊，后啊，左啊，右啊，看了半天，还是不明白。

B.1.2 逗号、顿号在表列举省略的"等""等等"之类词语前的使用

并列成分之间用顿号，末尾的并列成分之后用"等""等等"之类词语时，"等"类词前不用顿号或其他点号；并列成分之间用逗号，末尾的并列成分之后用"等"类词时，"等"类词前应用逗号。

示例1：现代生物学、物理学、化学、数学等基础科学的发展，带动了医学科学的进步。

示例2：写文章前要想好：文章主题是什么，用哪些材料，哪些详写，哪些略写，等等。

B.1.3 逗号、分号表示分句间停顿的区别

当复句的表述不复杂、层次不多，相连的分句语气比较紧凑、分句内部也没有使用逗号表示停顿时，分句间的停顿多用逗号。当用逗号不易分清多重复句内部的层次（如分句内部已有逗号），而用句号又可能割裂前后关系的地方，应用分号表示停顿。

示例1：她拿起钥匙，开了箱上的锁，又开了首饰盒上的锁，往老地方放钱。

示例2：纵比，即以一事物的各个发展阶段作比；横比，则以此事物与彼事物相比。

B.1.4 顿号、逗号、分号在标示层次关系时的区别

句内点号中，顿号表示的停顿最短、层次最低，通常只能表示并列词语之间的停顿；分号表示的停顿最长、层次最高，可以用来表示复句的第一层分句之间的停顿；逗号介于两者之间，既可表示并列词语之间的停顿，也可表示复句中分句之间的停顿。若分句内部已用逗号，分句之间就应用分号（见 B.1.3 示例2）。用分号隔开的几个并列分句不能由逗号统领或总结。

示例1：有的学会烤烟，自己做挺讲究的纸烟和雪茄；有的学会蔬菜加工，做的番茄酱能吃到冬天；有的学会蔬菜腌渍、窖藏，使秋菜接上春菜。

示例2：动物吃植物的方式多种多样，有的是把整个植物吃掉，如原生动物；有的是把植物的大部分吃掉，如鼠类；有的是吃掉植物的要害部位，如鸟类吃掉植物的嫩芽。（误）

动物吃植物的方式多种多样：有的是把整个植物吃掉，如原生动物；有的是把植物的大部分吃掉，如鼠类；有的是吃掉植物的要害部位，如鸟类吃掉植物的嫩芽。（正）

B.1.5 冒号、逗号用于"说""道"之类词语后的区别

位于引文之前的"说""道"后用冒号。位于引文之后的"说""道"分两种情况：处于句末时，其后用句号；"说""道"后还有其他成分时，其后用逗号。插在话语中间的"说""道"类词语后只能用逗号表示停顿。

示例1：他说："晚上就来家里吃饭吧。"

示例2："我真的很期待。"他说。

示例3："我有件事忘了说……"他说，表情有点儿为难。

示例4："现在请皇上脱下衣服，"两个骗子说，"好让我们为您换上新衣。"

B.1.6 不同点号表示停顿长短的排序

各种点号都表示说话时的停顿。句号、问号、叹号都表示句子完结，停顿最长。分号用于复句的分句之间，停顿长度介于句末点号和逗号之间，而短于冒号。逗号表示一句话中间的停顿，又短于分号。顿号用于并列词语之间，停顿最短。通常情况下，各种点号表示的停顿由长到短为：句号＝问号＝叹号＞冒号（指涵盖范围为一句话的冒号）＞分号＞逗号＞顿号。

B.1.7 破折号与括号表示注释或补充说明时的区别

破折号用于表示比较重要的解释说明，这种补充是正文的一部分，可与前后文连读；而括号表示比较一般的解释说明，只是注释而非正文，可不与前后文连读。

示例1：在今年——农历虎年，必须取得比去年更大的成绩。

示例2：哈雷在牛顿思想的启发下，终于认出了他所关注的彗星（该星后人称为哈雷彗星）。

B.1.8 书名号、引号在"题为……""以……为题"格式中的使用

"题为……""以……为题"中的"题"，如果是诗文、图书、报告或其他作品可作为篇名、书名看待时，可用书名号；如果是写作、科研、辩论、谈话的主题，非特定作品的标题，应用引号。即"题为……""以……为题"中的"题"应根据其类别分别按书名号和引号的用法处理。

示例1：有篇题为《柳宗元的诗》的文章，全文才2000字，引文不实却达11处之多。

示例2：今天一个以"地球·人口·资源·环境"为题的大型宣传活动在此间举行。

示例3：《我的老师》写于1956年9月，是作者应《教师报》之约而写的。

示例4："我的老师"这类题目，同学们也许都写过。

B.2 两个标点符号连用的说明

B.2.1 行文中表示引用的引号内外的标点用法

当引文完整且独立使用，或虽不独立使用但带有问号或叹号时，引号内句末点号应保留。除此之外，引号内不用句末点号。当引文处于句子停顿处（包括句子末尾）且引号内未使用点号时，引号外应使用点号；当引文位于非停顿处或者引号内已使用句末点号时，引号外不用点号。

示例1："沉舟侧畔千帆过，病树前头万木春。"他最喜欢这两句诗。

示例2：书价上涨令许多读者难以接受，有些人甚至发出"还买得起书吗？"的疑问。

示例3：他以"条件还不成熟，准备还不充分"为由，否决了我们的提议。

示例 4：你这样"明日复明日"地要拖到什么时候？

示例 5：司马迁为了完成《史记》的写作，使之"藏之名山"，忍受了人间最大的侮辱。

示例 6：在施工中要始终坚持"把质量当生命"。

示例 7："言之无文，行而不远"这句话，说明了文采的重要。

示例 8：俗话说："墙头一根草，风吹两边倒。"用这句话来形容此辈再恰当不过。

B.2.2 行文中括号内外的标点用法

括号内行文末尾需要时可用问号、叹号和省略号。除此之外，句内括号行文末尾通常不用标点符号。句外括号行文末尾是否用句号由括号内的语段结构决定：若语段较长、内容复杂，应用句号。句内括号外是否用点号取决于括号所处位置：若句内括号处于句子停顿处，应用点号。句外括号外通常不用点号。

示例 1：如果不采取（但应如何采取呢？）十分具体的控制措施，事态将进一步扩大。

示例 2：3 分钟过去了（仅仅才 3 分钟！），从眼前穿梭而过的出租车竟达 32 辆！

示例 3：她介绍时用了一连串比喻（有的状如树枝，有的貌似星海……），非常形象。

示例 4：科技协作合同（包括科研、试制、成果推广等）根据上级主管部门或有关部门的计划签订。

示例 5：应把夏朝看作原始公社向奴隶制国家过渡时期。（龙山文化遗址里，也有俯身葬。俯身者很可能就是奴隶。）

示例 6：问：你对你不喜欢的上司是什么态度？

　　　　答：感情上疏远，组织上服从。（掌声，笑声）

示例 7：古汉语（特别是上古汉语），对于我来说，有着常人无法想象的吸引力。

示例 8：由于这种推断尚未经过实践的考验，我们只能把它作为假设（或假说）提出来。

示例 9：人际交往过程就是使用语词传达意义的过程。（严格说，这里的"语词"应为语词指号。）

B.2.3 破折号前后的标点用法

破折号之前通常不用点号；但根据句子结构和行文需要，有时也可分别使用句内点号或句末点号。破折号之后通常不会紧跟着使用其他点号；但当破折号表示语音的停顿或延长时，根据语气表达的需要，其后可紧接问号或叹号。

示例 1：小妹说："我现在工作得挺好，老板对我不错，工资也挺高。——我能抽支烟吗？"（表示话题的转折）

示例 2：我不是自然主义者，我主张文学高于现实，能够稍稍居高临下地去看现实，因为文学的任务不仅在于反映现实。光描写现存的事物还不够，还必须记住我们所希望的和可能产生的事物。必须使现象典型化。应该把微小而有代表性的事物写成重大的和典型的事物。——这就是文学的任务。（表示对前几句话的总结）

示例 3："是他——？"石一川简直不敢相信自己的耳朵。

示例 4："我终于考上大学啦！我终于考上啦——！"金石开兴奋得快要晕过去了。

B.2.4 省略号前后的标点用法

省略号之前通常不用点号。以下两种情况例外：省略号前的句子表示强烈语气、句末使用问号或叹号时；省略号前不用点号就无法标示停顿或表明结构关系时。省略号之后通常也不用点号，但当句末表达强烈的语气或感情时，可在省略号后用问号或叹号；当省略号后还有别的话、省略的文字和后面的话不连续且有停顿时，应在省略号后用点号；当表示特定格式的成分虚缺时，省略号后可用点号。

示例1：想起这些，我就觉得一辈子都对不起你。你对梁家的好，我感激不尽！……

示例2：他进来了，……一身军装，一张朴实的脸，站在我们面前显得很高大，很年轻。

示例3：这，这是……？

示例4：动物界的规矩比人类还多，野骆驼、野猪、黄羊……，直至塔里木兔、跳鼠，都是各行其路，决不混淆。

示例5：大火被渐渐扑灭，但一片片油污又旋即出现在遇难船旁……。清污船迅速赶来，并施放围栏以控制油污。

示例6：如果……，那么……。

B.3　序次语之后的标点用法

B.3.1　"第""其"字头序次语，或"首先""其次""最后"等做序次语时，后用逗号（见4.4.3.3）。

B.3.2　不带括号的汉字数字或"天干地支"做序次语时，后用顿号（见4.5.3.2）。

B.3.3　不带括号的阿拉伯数字、拉丁字母或罗马数字做序次语时，后面用下脚点（该符号属于外文的标点符号）。

示例1：总之，语言的社会功能有三点：1.传递信息，交流思想；2.确定关系，调节关系；3.组织生活，组织生产。

示例2：本课一共讲解三个要点：A.生理停顿；B.逻辑停顿；C.语法停顿。

B.3.4　加括号的序次语后面不用任何点号。

示例1：受教育者应履行以下义务：（一）遵守法律、法规；（二）努力学习，完成规定的学习任务；（三）遵守所在学校或其他教育机构的制度。

示例2：科学家很重视下面几种才能：（1）想象力；（2）直觉的理解力；（3）数学能力。

B.3.5　阿拉伯数字与下脚点结合表示章节关系的序次语末尾不用任何点号。

示例：3　停顿

　　　3.1　生理停顿

　　　3.2　逻辑停顿

B.3.6　用于章节、条款的序次语后宜用空格表示停顿。

示例：第一课　春天来了

B.3.7　序次简单、叙述性较强的序次语后不用标点符号。

示例：语言的社会功能共有三点：一是传递信息；二是确定关系；三是组织生活。

B.3.8　同类数字形式的序次语，带括号的通常位于不带括号的下一层。通常第一层是带有顿号的汉字数字；第二层是带括号的汉字数字；第三层是带下脚点的阿拉伯数字；第四层是带括号的阿拉伯数字；再往下可以是带圈的阿拉伯数字或小写拉丁字母。一般可根据文章特点选择从某一层序次语开始行文，选定之后应顺着序次语的层次向下行文，但使用层次较低的序次语之后不宜反过来再使用层次更高的序次语。

示例：一、……

　　　（一）……

　　　1.……

　　　（1）……

　　　①/a.……

B.4 文章标题的标点用法

文章标题的末尾通常不用标点符号，但有时根据需要可用问号、叹号或省略号。

示例 1： 看看电脑会有多聪明，让它下盘围棋吧

示例 2： 猛龙过江：本店特色名菜

示例 3： 严防"电脑黄毒"危害少年

示例 4： 回家的感觉真好

——访大赛归来的本市运动员

示例 5： 里海是湖，还是海？

示例 6： 人体也是污染源！

示例 7： 和平协议签署之后……

附录六　出版物上数字用法

（中华人民共和国国家标准 GB/T　15835-2011,
中华人民共和国国家质量监督检验检疫总局、
中国国家标准化管理委员会 2011 年 7 月 29 日发布,
2011 年 11 月 1 日实施）

前　言

本标准按照 GB/T 1.1—2009 给出的规则起草。

本标准代替 GB/T 15835—1995《出版物上数字用法的规定》，与 GB/T 15835—1995《出版物上数字用法的规定》相比，主要变化如下：

——原标准在汉字数字与阿拉伯数字中，明显倾向于使用阿拉伯数字。本标准不再强调这种倾向性。

——在继承原标准中关于数字用法应遵循"得体原则"和"局部体例一致原则"的基础上，通过措辞上的适当调整，以及更为具体的规定和示例，进一步明确了具体操作规范。

——将原标准的平级罗列式行文结构改为层级分类式行文结构。

——删除了原标准的基本术语"物理量"与"非物理量"，增补了"计量""编号""概数"作为基本术语。

本标准由教育部语言文字信息管理司提出并归口。

本标准主要起草单位：北京大学。

本标准主要起草人：詹卫东、覃士娟、曾石铭。

本标准所代替标准的历次版本发布情况为：

——GB/T 15835—1995。

出版物上数字用法

1　范围

本标准规定了出版物上汉字数字和阿拉伯数字的用法。

本标准适用于各类出版物（文艺类出版物和重排古籍除外）。政府和企事业单位公文，以及教育、媒体和公共服务领域的数字用法，也可参照本标准执行。

2　规范性引用文件

下列文件对于本文件的应用是必不可少的。凡是注日期的引用文件，仅注日期的版本适用于本文件。凡是不注日期的引用文件，其最新版本（包括所有的修改单）适用于本文件。

GB/T 7408—2005　数据元和交换格式　信息交换　日期和时间表示法

3　术语和定义

下列术语和定义适用于本文件。

3.1　计量　measuring

将数字用于加、减、乘、除等数学运算。

3.2　编号　numbering

将数字用于为事物命名或排序，但不用于数学运算。

3.3　概数　approximate number

用于模糊计量的数字。

4　数字形式的选用

4.1　选用阿拉伯数字

4.1.1　用于计量的数字

在使用数字进行计量的场合，为达到醒目、易于辨识的效果，应采用阿拉伯数字。

示例1：-125.03　　　　　　34.05%　　　　　　63%～68%　　　　　　1：500　　　　　97/108

当数值伴随有计量单位时，如：长度、容积、面积、体积、质量、温度、经纬度、音量、频率等，特别是当计量单位以字母表达时，应采用阿拉伯数字。

示例2：523.56km（523.56千米）　　　　346.87L（346.87升）　　　　$5.34m^2$

　　　　（5.34平方米）　　　　　　　$567mm^3$（567立方毫米）　　　605g（605克）

　　　　100～150kg（100～150千克）　　34～39℃（34～39摄氏度）

　　　　北纬40°（北纬40度）　　　　　120 dB（120分贝）

4.1.2　用于编号的数字

在使用数字进行编号的场合，为达到醒目、易于辨识的效果，应采用阿拉伯数字。

示例：电话号码：98888

　　　　邮政编码：100871

　　　　通信地址：北京市海淀区复兴路11号

　　　　电子邮件地址：x186@186.net

　　　　网页地址：http：//127.0.0.1

　　　　汽车号牌：京A00001

公交车号：302 路公交车

道路编号：101 国道

公文编号：国办发〔1987〕9 号

图书编号：ISBN 978-7-80184-224-4

刊物编号：CN11-1399

章节编号：4.1.2

产品型号：PH-3000 型计算机

产品序列号：C84XB-JYVFD-P7HC4-6XKRJ-7M6XH

单位注册号：02050214

行政许可登记编号：0684D10004-828

4.1.3　已定型的含阿拉伯数字的词语

现代社会生活中出现的事物、现象、事件，其名称的书写形式中包含阿拉伯数字，已经广泛使用而稳定下来，应采用阿拉伯数字。

示例：3G 手机　　　　MP3 播放器　　　　G8 峰会　　　　维生素 B_{12}

97 号汽油　　　　"5·27" 事件　　　　"12·5" 枪击案

4.2　选用汉字数字

4.2.1　非公历纪年

干支纪年、农历月日、历史朝代纪年及其他传统上采用汉字形式的非公历纪年等，应采用汉字数字。

示例：丙寅年十月十五日　　　庚辰年八月五日　　　腊月二十三　　　　　正月初五

八月十五中秋　　　　　秦文公四十四年　　　太平天国庚申十年九月二十四日

清咸丰十年九月二十日　　藏历阳木龙年八月二十六日　日本庆应三年

4.2.2　概数

数字连用表示的概数、含"几"的概数，应采用汉字数字。

示例：三四个月　　　一二十个　　　四十五六岁　　　五六万套　　　五六十年前

几千　　　　二十几　　　一百几十　　　几万分之一

4.2.3　已定型的含汉字数字的词语

汉语中长期使用已经稳定下来的包含汉字数字形式的词语，应采用汉字数字。

示例：万一　　　一律　　　　一旦　　　　三叶虫　　　四书五经　　　星期五

四氧化三铁　　八国联军　　七上八下　　　一心一意　　不管三七二十一

一方面　　　二百五　　　半斤八两　　　五省一市　　五讲四美

相差十万八千里　　八九不离十　　白发三千丈　　不二法门

二八年华　　五四运动　　"一·二八" 事变　　　"一二·九" 运动

4.3　选用阿拉伯数字与汉字数字均可

如果表达计量或编号所需要用到的数字个数不多，选择汉字数字还是阿拉伯数字在书写的简洁性和辨识的清晰性两方面没有明显差异时，两种形式均可使用。

示例 1：17 号楼（十七号楼）　　　3 倍（三倍）　　　　　第 5 个工作日（第五个工作日）

100 多件（一百多件）　　　20 余次（二十余次）　　　约 300 人（约三百人）

40 左右（四十左右）　　　　50 上下（五十上下）　　　50 多人（五十多人）

第 25 页（第二十五页）　　　第 8 天（第八天）　　　　第 4 季度（第四季度）

第 45 份（第四十五份）　　　共 235 位同学（共二百三十五位同学）

0.5（零点五）　　　　　　　76 岁（七十六岁）　　　　120 周年（一百二十周年）

1/3（三分之一）　　　　　　公元前 8 世纪（公元前八世纪）

20 世纪 80 年代（二十世纪八十年代）　　　　　　　公元 253 年（公元二五三年）

1997 年 7 月 1 日（一九九七年七月一日）　　　　　下午 4 点 40 分（下午四点四十分）

4 个月（四个月）　　　　12 天（十二天）

如果要突出简洁醒目的表达效果，应使用阿拉伯数字；如果要突出庄重典雅的表达效果，应使用汉字数字。

示例 2：北京时间 2008 年 5 月 12 日 14 时 28 分

　　　　十一届全国人大一次会议（不写为"11 届全国人大 1 次会议"）

　　　　六方会谈（不写为"6 方会谈"）

在同一场合出现的数字，应遵循"同类别同形式"原则来选择数字的书写形式。如果两数字的表达功能类别相同（比如都是表达年月日时间的数字），或者两数字在上下文中所处的层级相同（比如文章目录中同级标题的编号），应选用相同的形式。反之，如果两数字的表达功能不同，或所处层级不同，可以选用不同的形式。

示例 3：2008 年 8 月 8 日　　　二〇〇八年八月八日（不写为"二〇〇八年 8 月 8 日"）

　　　　第一章　第二章……第十二章（不写为"第一章　第二章……第 12 章"）

　　　　第二章的下一级标题可以用阿拉伯数字编号：2.1，2.2，……

应避免相邻的两个阿拉伯数字造成歧义的情况。

示例 4：高三 3 个班　　　高三三个班（不写为"高 33 个班"）

　　　　高三 2 班　　　　高三（2）班（不写为"高 32 班"）

有法律效力的文件、公告文件或财务文件中可同时采用汉字数字和阿拉伯数字。

示例 5：2008 年 4 月保险账户结算日利率为万分之一点五七五零（0.015750%）

　　　　35.5 元（35 元 5 角　三十五元五角　叁拾伍圆伍角）

5　数字形式的使用

5.1　阿拉伯数字的使用

5.1.1　多位数

为便于阅读，四位以上的整数或小数，可采用以下两种方式分节：

——第一种方式：千分撇

整数部分每三位一组，以"，"分节。小数部分不分节。四位以内的整数可以不分节。

示例 1：624,000　　　　92,300,000　　　　19,351,235.235767　　　　1256

——第二种方式：千分空

从小数点起，向左和向右每三位数字一组，组间空四分之一个汉字，即二分之一个阿拉伯数字的位置。四位以内的整数可以不加千分空。

示例2：55 235 367.346 23　　　　　　98 235 358.238 368

注：各科学技术领域的多位数分节方式参照 GB 3101—1993 的规定执行。

5.1.2　纯小数

纯小数必须写出小数点前定位的"0"，小数点是齐阿拉伯数字底线的实心点"."。

示例：0.46 不写为 .46 或 0。46

5.1.3　数值范围

在表示数值的范围时，可采用浪纹式连接号"～"或一字线连接号"—"。前后两个数值的附加符号或计量单位相同时，在不造成歧义的情况下，前一个数值的附加符号或计量单位可省略。如果省略数值的附加符号或计量单位会造成歧义，则不应省略。

示例：-36～-8℃　　　　　400—429 页　　　　100—150kg　　　　12 500～20 000 元

9 亿～16 亿（不写为 9～16 亿）　　　　13 万元～17 万元（不写为 13～17 万元）

15%～30%（不写为 15～30%）　　　　$4.3\times10^6\sim5.7\times10^6$（不写为 $4.3\sim5.7\times10^6$）

5.1.4　年月日

年月日的表达顺序应按照口语中年月日的自然顺序书写。

示例1：2008 年 8 月 8 日　　　1997 年 7 月 1 日

"年""月"可按照 GB/T 7408—2005 的 5.2.1.1 中的扩展格式，用"-"替代，但年月日不完整时不能替代。

示例2：2008-8-8　　　1997-7-1　　　8 月 8 日（不写为 8-8）　　　2008 年 8 月（不写为 2008-8）

四位数字表示的年份不应简写为两位数字。

示例3："1990 年"不写为"90 年"

月和日是一位数时，可在数字前补"0"。

示例4：2008-08-08　1997-07-01

5.1.5　时分秒

计时方式既可采用 12 小时制，也可采用 24 小时制。

示例1：11 时 40 分（上午 11 时 40 分）　　　21 时 12 分 36 秒（晚上 9 时 12 分 36 秒）

时分秒的表达顺序应按照口语中时、分、秒的自然顺序书写。

示例2：15 时 40 分　　　　　　　　14 时 12 分 36 秒

"时""分"也可按照 GB/T 7408—2005 的 5.3.1.1 和 5.3.1.2 中的扩展格式，用"："替代。

示例3：15:40　　　　　　　14:12:36

5.1.6　含有月日的专名

含有月日的专名采用阿拉伯数字表示时，应采用间隔号"·"将月、日分开，并在数字前后加引号。

示例："3·15"消费者权益日

5.1.7　书写格式

5.1.7.1　字体

出版物中的阿拉伯数字，一般应使用正体二分字身，即占半个汉字位置。

示例：234　　　　　57.236

5.1.7.2　换行

一个用阿拉伯数字书写的数值应在同一行中，避免被断开。

5.1.7.3　竖排文本中的数字方向

竖排文字中的阿拉伯数字按顺时针方向转 90 度。旋转后要保证同一个词语单位的文字方向相同。

示例：

六日零时三十分返回基地。
航行了十三天，于一九九〇年八月
海军 J12 号打捞救生船在太平洋上
示例二

五十元，返修率仅为百分之零点
百二十五瓦，市场售价两千零
容量是一百八十八升，功率为
雪花牌 BCD188 型家用电冰箱
示例一

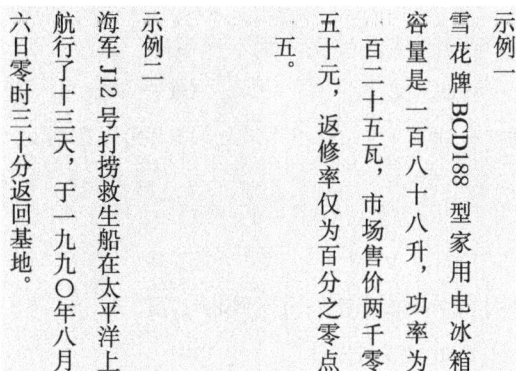

5.2　汉字数字的使用

5.2.1　概数

两个数字连用表示概数时，两数之间不用顿号"、"隔开。

示例：二三米　一两个小时　三五天　一二十个　四十五六岁

5.2.2　年份

年份简写后的数字可以理解为概数时，一般不简写。

示例："一九七八年"不写为"七八年"

5.2.3　含有月日的专名

含有月日的专名采用汉字数字表示时，如果涉及一月、十一月、十二月，应用间隔号"·"将表示月和日的数字隔开，涉及其他月份时，不用间隔号。

示例："一·二八"事变　"一二·九"运动　五一国际劳动节

5.2.4　大写汉字数字

——大写汉字数字的书写形式

零、壹、贰、叁、肆、伍、陆、柒、捌、玖、拾、佰、仟、万、亿

——大写汉字数字的适用场合

法律文书和财务票据上，应采用大写汉字数字形式记数。

示例：3,504（叁仟伍佰零肆圆）　　39,148（叁万玖仟壹佰肆拾捌圆）

5.2.5　"零"和"〇"

阿拉伯数字"0"有"零"和"〇"两种汉字书写形式。一个数字用作计量时，其中"0"的汉字书写形式为"零"，用作编号时，"0"的汉字书写形式为"〇"。

示例："3052（个）"的汉字数字形式为"三千零五十二"（不写为"三千〇五十二"）

　　　　"95.06"的汉字数字形式为"九十五点零六"（不写为"九十五点〇六"）

　　　　"公元2012（年）"的汉字数字形式为"二〇一二"（不写为"二零一二"）

5.3　阿拉伯数字与汉字数字同时使用

如果一个数值很大，数值中的"万""亿"单位可以采用汉字数字，其余部分采用阿拉伯数字。

示例1：我国1982年人口普查人数为10亿零817万5288人

除上面情况之外的一般数值，不能同时采用阿拉伯数字与汉字数字。

示例2：108可以写作"一百零八"，但不应写作"1百零8""一百08"

　　　　4 000可以写作"四千"，但不能写作"4千"

附录七　校对符号及其用法

（中华人民共和国国家标准 GB/T 14706—93　国家技术监督局
1993 年 11 月 16 日批准，1994 年 7 月 1 日实施）

1　主要内容与适用范围

本标准规定了校对各种排版校样的专用符号及其用法。

本标准适用于中文（包括少数民族文字）各类校样的校对工作。

2　引用标准

GB 9851　印刷技术术语

3　术语

3.1　校对符号 proofreader's mark

以特定图形为主要特征的、表达校对要求的符号。

4　校对符号及用法示例

编号	符号形态	符号作用	符号在文中和页边用法示例	说　明
一、字符的改动				
1		改　正	增高出版物质量。　提 改革开放　放	改正的字符较多，圈起来有困难时，可用线在页边画清改正的范围　必须更换的损、坏、污字也用改正符号画出
2		删　除	提高出版物物质质量。	
3		增　补	要搞好校工作。　对	增补的字符较多，圈起来有困难时，可用线在页边画清增补的范围
4		改正上下角	$16 = 4^2$　2 H_2SO_4　4 尼古拉·费欣 $0.25 + 0.25 = 0.5$ 举例：$2 \times 3 = 6$ $X:Y = 1:2$	

续表

编号	符号形态	符号作用	符号在文中和页边用法示例	说 明
二、字符方向位置的移动				
5		转 正	字符颠倒要转正。	
6		对 调	认真经验总结。 认真验结经总。	用于相邻的字词 用于隔开的字词
7		接 排	要重视校对工作， 提高出版物质量。	
8		另 起 段	完成了任务。明年……	
9		转 移	校对工作,提高出 版物质量要重视。 ”。以上引文均见中文新版《 列宁全集》。 编者 年 月 …… 各位编委：	用于行间附近的转移 用于相邻行首末衔接字符的推移 用于相邻页首末衔接行段的推移
10	或	上 下 移	序号 名 称 数量 01 显微镜 2	字符上移到缺口左右水平线处 字符下移到箭头所指的短线处
11	或	左 右 移	要重视校对工 作,提高出版物质量。 3 4 5 6 5 欢呼 歌 唱	字符左移到箭头所指的短线处 字符左移到缺口上下垂直线处 符号画得太小时,要在页边重标

续表

编号	符号形态	符号作用	符号在文中和页边用法示例	说　明
12		排　齐	校对工作非常重要。必须提高印刷质量，缩短印制周期。国家标准	
13		排阶梯形	RH₂	
14		正　图		符号横线表示水平位置，竖线表示垂直位置，箭头表示上方

三、字符间空距的改动

编号	符号形态	符号作用	符号在文中和页边用法示例	说　明
15		加大空距	一、校对程序　　校对胶印读物、影印书刊的注意事项：	表示在一定范围内适当加大空距　横式文字画在字头和行头之间
16		减小空距	二、校对程序　　校对胶印读物、影印书刊的注意事项：	表示不空或在一定范围内适当减小空距　横式文字画在字头和行头之间
17		空　1　字距 空 1/2 字距 空 1/3 字距 空 1/4 字距	第一章校对职责和方法　　1. 责任校对	多个空距相同的，可用引线连出，只标示一个符号
18	Y	分　开	Good morning!	用于外文

续表

编号	符号形态	符号作用	符号在文中和页边用法示例	说　明
四、其　他				
19	△	保　留	认真搞好校对工作。	除在原删除的字符下画△外，并在原删除符号上画两竖线
20	○＝	代　替	兰色的程度不同，从淡兰色到深兰色具有多种层次，如天兰色、湖兰色、海兰色、宝兰色…… ○＝蓝	同页内有两个或多个相同的字符需要改正的，可用符号代替，并在页边注明
21	○○○	说　明	改黑体 第一章 校对的职责	说明或指令性文字不要圈起来，在其字下画圈，表示不作为改正的文字。如果说明文字较多时，可在首末各三字下画圈

5　使用要求

5.1　校对校样，必须用色笔（墨水笔、圆珠笔等）书写校对符号和示意改正的字符，但是不能用灰色铅笔书写。

5.2　校样上改正的字符要书写清楚。校改外文，要用印刷体。

5.3　校样中的校对引线要从行间画出。墨色相同的校对引线不可交叉。

附 录 A

校对符号应用实例

（参考件）

〔例〕今用伏安法测一线圈的电感。当接入 36 V 直流电源时，的过流电流为 6 A；当插入 220 V、50 Hz 的交流电源时的流过的电流为 22 A。算计线圈的电感。

〔解〕在直流电路中电感不起作用 ，即 $X_L = 2\pi f = 0$（直流电也可看成是频率 $f = 0$ 的交流电）。由此可算出线圈的电阻为

$$R = \frac{U}{I} = \frac{36}{6} = 6\ \Omega$$

接在交流电源上，线圈的阴抗为

$$Z = \frac{U}{I} = \frac{220}{22} = 10\ \Omega$$

线圈的感抗为 $X_L = \sqrt{Z^2 - R^2} = \sqrt{10^2 - 6^2} = 8\ \Omega$

故线圈的电感为

$$L = \frac{X_L}{2\pi f} = \frac{8}{2\pi \times 50} = 0.025\ \text{H} = 25\ \text{mH}$$

第七节　电　容　电　路

电容器接在直流电源上，如图 3-13 甲所示。电路呈断路状态。若把它接在交流电源上，情况就不一样。电容器板上的电荷与其两端电压的关系为 $q = c_{u_c}$。当电压 u_C 升高时，极板上

附加说明：

本标准由中华人民共和国新闻出版署提出。

本标准由全国印刷标准化技术委员会归口。

本标准由人民出版社负责起草。

附录八　中国人名汉语拼音字母拼写规则

（中华人民共和国国家标准 GB/T 28039—2011，中华人民共和国
国家质量监督检验检疫总局、中国国家标准化管理委员会
2011 年 10 月 31 日发布，2012 年 2 月 1 日实施）

前　言

本标准按照 GB/T 1.1—2009 给出的规则起草。

本标准由教育部语言文字信息管理司提出并归口。

本标准主要起草单位：教育部语言文字应用研究所。

本标准主要起草人：厉兵、史定国、苏培成、李乐毅、万锦堃。

1　范围

本标准规定了使用汉语拼音字母拼写中国人名的规则，包括汉语人名的拼写规则和少数民族语人名的拼写规则。为了满足应用需要，同时给出了一些特殊场合的变通处理办法。

本标准适用于文化教育、编辑出版、中文信息处理及其他方面的中国人名汉语拼音字母拼写。

2　规范性引用文件

下列文件对于文件的应用是必不可少的。凡是注日期的引用文件，仅注日期的版本适用于本文件。凡是不注日期的引用文件，其最新版本（包括所有的修改单）适用于本文件。

《少数民族语地名汉语拼音字母音译转写法》（1976 年 6 月国家测绘总局、中国文字改革委员会修订）

3　术语和定义

下列术语和定义适用于本文件。

3.1　单姓　mono-character surname

汉语中只有一个字的姓，如张、王、刘、李。

3.2　复姓　multi-character surname

汉语中不止一个字（一般由两个汉字构成）的姓，如欧阳、司马。

3.3 双姓 hyphenated name

汉语中由两个姓（单姓或复姓）并列而成的姓氏组合，如郑李、欧阳陈、周东方等。

4 总则

4.1 中国人名包括汉语姓名和少数民族语姓名。汉语姓名按照普通话拼写，少数民族语姓名按照民族语读音拼写。

4.2 本标准中的人名主要指正式姓名，即符合一般习惯用法的姓名。

4.3 根据需要，仿姓名的笔名、别名、法名、艺名等，按照正式姓名写法处理。

4.4 个别变通处理办法只适用于限定的特殊场合。

5 拼写规则

5.1 汉语人名拼写规则

5.1.1 正式的汉语人名由姓和名两个部分组成。姓和名分写，姓在前，名在后，姓名之间用空格分开。复姓连写。姓和名的开头字母大写。例如：

王芳	Wáng Fāng	杨为民	Yáng Wèimín
马本斋	Mǎ Běnzhāi	罗常培	Luó Chángpéi
欧阳文	ōuyáng Wén	司马相南	Sīmǎ Xiàngnán
吕略	Lǚ Lüè	赵平安	Zhào Píng'ān

5.1.2 由双姓组合（并列姓氏）作为姓氏部分，双姓中间加连接号，每个姓氏开头字母大写。例如：

Liú–Yáng Fān	刘杨帆
Zhèng–Lǐ Shūfāng	郑李淑芳
Dōngfāng–Yuè Fēng	东方岳峰
Xiàng–Sītú Wénliáng	项司徒文良

5.1.3 笔名、字（或号）、艺名、法名、代称、技名、帝王名号等，按正式人名写法拼写。例如：

鲁迅（笔名）	Lǔ Xùn
曹雪芹（"雪芹"为号）	Cáo Xuěqín
盖叫天（艺名）	Gài Jiàotiān
鲁智深（"智深"为法名）	Lǔ Zhìshēn
杜工部（代称）	Dù Gōngbù
王铁人（代称）	Wáng Tiěrén
赖汤圆（技名）	Lài Tāngyuán
秦始皇（帝王名号）	Qín Shǐhuáng

5.1.4 国际体育比赛等场合，人名可以缩写。汉语人名的缩写，姓全写，首字母大写或每个字母大写，名取每个汉字拼音的首字母，大写，后面加小圆点，声调符号可以省略。例如：

李小龙 Lǐ Xiǎolóng	缩写为：Li X. L. 或 LI X. L.
容国团 Róng Guótuán	缩写为：Ron g G. T. 或 RONG G. T.
诸葛志成 Zhūgě Zhìchéng	缩写为：Zhuge Z. C. 或 ZHUGE Z. C.
陈言若水 Chén–Yán Ruòshuǐ	缩写为：Chen–Yan R. S. 或 CHEN–YAN R. S.

5.1.5　中文信息处理中的人名索引，可以把姓的字母都大写，声调符号可以省略。例如：

张颖 Zhāng Yǐng	拼写为：ZHANG Ying
王建国 Wáng Jiànguó	拼写为：WANG Jianguo
上官晓月 Shàngguān Xiǎoyuè	拼写为：SHANGGUAN Xiaoyue
陈方玉梅 Chén–Fāng Yùméi	拼写为：CHEN–FANG Yumei

5.1.6　公民护照上的人名，可以把姓和名的所有字母全部大写，双姓之间可以不加连接号，声调符号、隔音符号可以省略。例如：

刘畅 Liú Chàng	拼写为：LIU CHANG
周建军 Zhōu Jiànjūn	拼写为：ZHOU JIANJUN
赵李书刚 Zhào–Lǐ Shūgāng	拼写为：ZHAOLI SHUGANG
吴兴恩 Wú Xīng'ēn	拼写为：WU XINGEN

5.1.7　三音节以内不能分出姓和名的汉语人名，包括历史上已经专名化的称呼，以及笔名、艺名、法名、神名、帝王年号等，连写，开头字母大写。例如：

孔子（专称）Kǒngzǐ	西施（专称）Xīshī
冰心（笔名）Bīngxīn	红线女（艺名）Hóngxiànnǚ
哪吒（神仙名）Nézha	包公（专称）Bāogōng
孟尝君（专称）Mèngchángjūn	流沙河（笔名）Liúshāhé
鉴真（法名）Jiànzhēn	乾隆（帝王年号）Qiánlóng

5.1.8　四音节以上不能分出姓和名的人名，如代称、雅号、神仙名等，按语义结构或语音节律分写，各分开部分开头字母大写。例如：

东郭先生（代称）	Dōngguō Xiānsheng
柳泉居士（雅号 蒲松龄）	Liǔquán Jūshì
鉴湖女侠（雅号 秋瑾）	Jiànhú Nǚxiá
太白金星（神仙名）	Tàibái Jīnxīng

5.2　少数民族语人名拼写规则

5.2.1　少数民族语姓名，按照民族语用汉语拼音字母音译转写，分连次序依民族习惯。音译转写法可以参照《少数民族语地名汉语拼音字母音译转写法》执行。

5.2.2　在一定的场合，可以在少数民族语人名音译转写原文后备注音译汉字及汉字的拼音；也可以先用或仅用音译汉字及汉字的拼音。例如：

Ulanhu（乌兰夫，Wūlánfū）

Ngapoi Ngawang Jigme（阿沛·阿旺晋美，Āpèi Āwàngjìnměi）

Seypidin（赛福鼎，Sàifúdǐng）

6 特殊问题的变通处理办法

6.1 出版物中常见的著名历史人物，港、澳、台人士，海外华侨及外籍华人、华裔的姓名，以及科技领域各科（动植物、微生物、古生物等）学名命名中的中国人名，原来有惯用的拉丁字母拼写法，必要时可以附注在括弧中或注释中。

6.2 根据技术处理的特殊需要，必要的场合（如公民护照、对外文件和书刊等），大写字母 Ü 可以用 YU 代替。例如：

Lǚ Hépíng　　拼写为：LYU HEPING　　吕和平

附录九　中文书刊名称汉语拼音拼写法

（中华人民共和国国家标准 GB3259—92，中华人民共和国
国家技术监督局 1992 年 2 月 1 日发布，1992 年 11 月 1 日起实施）

1　主题内容与适用范围

本标准规定了用汉语拼音拼写我国出版的中文书刊名称的方法。

本标准适用于我国正式出版的中文书刊名称的汉语拼音的拼写，也适用于文献资料的信息处理。

国内出版的中文书刊应依照本标准的规定，在封面，或扉页，或封底，或版权页上加注汉语拼音书名、刊名。

2　术语

汉语拼音正词法：用《汉语拼音方案》拼写现代汉语的规则。《汉语拼音方案》确定了音节的拼写规则。汉语拼音正词法是在《汉语拼音方案》的基础上进一步规定词的拼写方法。

3　拼写规则

以词为拼写单位，并适当考虑语音、词义等因素，同时考虑词形长短适度。

4　拼写参考文献

4.1　《汉语拼音正词法基本规则》（国家教育委员会、国家语言文字工作委员会 1988 年 7 月联合公布）。

4.2　《现代汉语词典》《汉语拼音词汇》《汉英词典》。

5　拼写规则

5.1　中文书刊名称拼写基本上以词为书写单位。每个词第一个字母要大写。因设计需要，也可以全用大写。

子夜	Ziye
珍珠	Zhenzhu
长城恋	Changcheng Lian
新工具	Xin Gongju
中国青年	Zhongguo Qingnian
人民日报	Renmin Ribao
幼儿小天地	You' er Xiao Tiandi
行政法概论	Xingzhengfa Gailun

人口经济学	Renkou Jingjixue
散文创作艺术	Sanwen Chuangzuo Yishu

5.2 结合紧密的双音节和三音节的结构（不论词或词组）连写。

海囚	Haiqiu
军魂	Junhun
地火	Dihuo
红楼梦	Hongloumeng
爆破工	Baopogong
资本论	Zibenlun

5.3 四音节以上的表示一个整体概念的名称按词（或语节）分开写，不能按词或语节划分的，全部连写。

线性代数	Xianxing Daishu
汽油发电机	Qiyou Fadianji
中华人民共和国森林法	Zhonghua Renmin Gongheguo Senlinfa
高压架空送电线路机械设计	Gaoya Jiakong Songdian Xianlu Jixie Sheji
微积分学	Weijifenxue
极限环论	Jixianhuanlun
非平衡态统计力学	Feipinghengtai Tongji Lixue

5.4 名词与单音节前加成分和单音节后加成分，连写。

超声波	Chaoshengbo
现代化	Xiandaihua

5.5 虚词与其他语词分写，小写。因设计需要，也可以大写。

水的世界	Shui de Shijie
大地之歌	Dadi zhi Ge
功和能	Gong he Neng
红与黑	Hong yu Hei

5.6 并列结构、缩略语等可以用短横。

秦汉史	Qin-HanShi
英汉词典	Ying-Han Cidian
袖珍真草隶篆四体百家姓	XiuzhenZhen-cao-li-zhuan Si Ti Baijiaxing
北京大学和五四运动	Beijing Daxue he Wu-si Yundong
环保通讯	Huan-bao Tongxun
中共党史讲义	Zhong-Gong Dangshi Jiangyi

5.7 汉语人名按姓和名分写，姓和名的开头字母大写。笔名、别名等，按姓名写法处理。

茅盾全集	Mao Dun Quanji
巴金研究专集	Ba Jin Yanjiu Zhuanji
沈从文文集	Shen Congwen Wenji
盖叫天表演艺术	GaiJiaotian Biaoyan Yishu

已经专名化的称呼，连写，开头大写。

庄子译注	Zhuangzi Yizhu
小包公	Xiao Baogong

5.8　汉语地名专名和通名分写，每一分写部分的第一个字母大写。

江苏省地图	Jiangsu Sheng Ditu
九华山	Jiuhua Shan
话说长江	Huashuo Chang Jiang

5.9　某些地名可用中国地名委员会认可的特殊拼法。

陕西日报	Shanxi Ribao

5.10　书刊名称中的中国少数民族和外国的人名、地名可以按原文的拉丁字母拼法拼写，也可以按汉字注音拼写。

成吉思汗的故事	Chengjisihan de Gushi
怀念班禅大师	Huainian Banchan Dashi
铁托选集	Tietuo Xuanji
居里夫人传	Juli Furen Zhuan
威廉·李卜克内西传	Weilian Libukeneixi Zhuan
在伊犁	Zai Yili
拉萨游记	Lasa Youji
巴黎圣母院	Bali Shengmuyuan
维也纳的旋律	Weiyena de Xuanlü

5.11　数词十一到九十九之间的整数，连写。

十三女性	Shisan Nüxing
财政工作三十五年	Caizheng Gongzuo Sanshiwu Nian
六十年目睹怪现状	Liushi Nian Mudu Guai Xianzhuang
黄自元楷书九十二法	Huang Ziyuan Kaishu Jiushi'er Fa

5.12　"百""千""亿"与前面的个位数，连写；"万""亿"与前面的十位以上的数，分写。

美国二百年大事记	Meiguo Erbai Nian Dashiji
一千零一夜	Yiqian Ling Yi Ye
十万个为什么	Shi Wan Ge Weishenme

5.13　表示序数的"第"与后面的数词中间，加短横。

第二国际史	Di-er Guoji Shi
第三次浪潮	Di-san Ci Langchao

5.14　数词和量词分写。

一条鱼	Yi Tiao Yu
两个小伙子	Liang Ge Xiaohuozi

5.15　阿拉伯数字和外文字母照写。

赠给 18 岁诗人	Zenggei 18 Sui Shiren
1979—1980 中篇小说选集	1979—1980 Zhongpian Xiaoshuo Xuanji

BASIC 语言   BASIC Yuyan

IBM—PC（0520）微型机系统介绍   IBM-PC（0520）Weixingji Xitong Jieshao

5.16　中文书刊的汉语拼音名称一律横写。

附加说明：

本标准由全国文献工作标准化技术委员会提出。

本标准由全国文献工作标准化技术委员会第二分委员会负责起草。

本标准起草人乔风、金惠淑、姜树森。